Ulrich Bochum / Jeffrey Butler /
Klaus Kohlmeyer / Stephanie Odenwald
Soziale Spaltungen in Berlin

Ulrich Bochum arbeitet als Berater für Betriebs- und Personalräte bei der G-IBS mbH in Berlin.

Jeffrey Butler ist im Bezirksamt Mitte von Berlin für die Gesundheits- und Sozialberichterstattung zuständig.

Klaus Kohlmeyer ist Geschäftsführer von BQN Berlin, dem Beruflichen Qualifizierungsnetzwerk für Migrantinnen und Migranten in Berlin.

Stephanie Odenwald war im GEW Hauptvorstand zuständig für Berufliche Bildung und Weiterbildung.

Ulrich Bochum / Jeffrey Butler /
Klaus Kohlmeyer / Stephanie Odenwald

Soziale Spaltungen in Berlin

Sozial-räumliche Polarisierung
Stadt der Vielfalt: Migration, Schutzsuchende & Menschenrechte
Wohnungsnot & Gentrifizierung
Armut, Gesundheit & Bildung
Prekärer Aufschwung & Beschäftigung

Gefördert durch die
Eberhard-Schultz-Stiftung

VSA: Verlag Hamburg

www.vsa-verlag.de

Bildnachweis:
Die Fotos auf S. 15, 31, 51, 87, 115 und 139 stammen von Peter Best.
Das Foto auf S. 43 ist von Jeffrey Butler.

© VSA: Verlag 2016, St. Georgs Kirchhof 6, 20099 Hamburg
Alle Rechte vorbehalten
Druck- und Buchbindearbeiten: CPI books GmbH, Leck
ISBN 978-3-89965-682-4

Inhalt

Vorwort von Eberhard Schultz 7

Einleitung: Berlin auf dem Weg von der geteilten zur gespaltenen Stadt? 9

Berlin und seine Bezirke 15
Berlin – Eine rasant wachsende Stadt   17 | Die Bezirke – verhinderte Großstädte innerhalb eines Stadtstaats   19 | Wie regiert man eine Millionenmetropole?   21 | Die bezirklichen Verwaltungen – nichts Halbes und nichts Ganzes   22 | Sozialraumorientierung – Kleinräumlichkeit als Maß aller Dinge?   24 | Die Berliner Verwaltung – überaltert und personell ausgedünnt   26

Berlin – Stadt der Vielfalt 31
Eine Stadt – viele Herkunftsländer   33 | Räumliche Verteilung von Migrantinnen und Migranten   34 | Soziale Lage der Migrant/innen in Berlin   37 | Auf der Flucht vor Krieg und Verfolgung   40 | Das Berliner LAGeSo – eine hoffnungslos überforderte Behörde   41 | Eine beispiellose Welle der Hilfsbereitschaft in der Zivilgesellschaft   43 | Ausblick   44

Wohnen in Berlin 51
Wohnungspolitik im Zentrum der Kritik   52 | Wohnungsnotstände   56 | Berliner Mietniveau   57 | Verdrängungsprozesse und räumliche Segregation   60 | Armutsmilieus und Gegenstrategien   61 | Mehr »Löcher als Käse«: Mietpreisbremse, Verbot von Umwandlung, Fremdnutzung, Leerstand; Bindung an soziale Vorgaben   67 | Gentrifizierung – ein aufhaltbarer Prozess?   70 | Die neue Mieterbewegung – Recht auf Stadt   76 | Wohnungspolitischer Kurswechsel – Druck durch Volksbegehren   78 | Fazit: Inhalte einer sozialen Wohnungspolitik   84

Soziale Spaltung durch ungleiche Bildungschancen – ungleiche Bildungschancen durch soziale Spaltung 87
Soziale Risiken   88 | Leben und Lernen im Stadtteil   89 | Vielfalt im Stadtteil   91 | Den integrationspolitischen Anforderungen gerecht werden   92 | Sozialer Hintergrund und später Kitabesuch   94 | Versorgung

mit Kitas in den Stadtteilen   95 | Konzentration von Armutsrisiken an Schulen   97 | Grundschule: Kiezschule für alle?   99 | Entkoppelung von Lernerfolg und sozialem Hintergrund   100 | Allgemeinbildende Schulen: Leichte Verbesserung der Schulabschlüsse   101 | Übergang Schule-Beruf: Entscheidend für die Verteilung von Berufs- und Teilhabechancen   103 | Ausbildungsbeteiligung junger Migranten/innen   106 | Dort mit gutem Beispiel vorangehen, wo Politik Verantwortung trägt   108 | Chancengleichheit durch kluge »Ungleichbehandlung«   112

Armutsentwicklung und Gesundheit im Land Berlin 115
Soziale Ungleichheiten in den Bezirken   116 | Niedrige Bildung – die Wurzel vieler Probleme   117 | Arbeit – das A und O bei der Lebensgestaltung   119 | Ungleiche Einkommensverteilung in den Bezirken   122 | Armut in einem reichen Land   123 | Armut im Alter – noch nicht so ausgeprägt, aber im Kommen   126 | Ungleiche Lebensbedingungen = ungleiche Gesundheit?   129 | Wenn man arm ist, muss man früher sterben   130 | Gesundheit im Kindesalter – eine sehr sensible Lebensphase   132 | Wie komme ich zum nächsten Arzt?   135

Prekärer Aufschwung – die lange Krise der Berliner Wirtschaft 139
Endlich geht es aufwärts in Berlin   145 | Beschäftigung   147 | Atypisches Beschäftigungswunder   154 | Metropolfunktionen   156 | Die Stadt braucht Investitionen   159 | Wirtschaftliche Perspektiven für Berlin?   162

Ausblick 165
Bevölkerungsvielfalt: sowohl eine Stärke als auch ein Risiko   166 | Weiterhin eine Gefahr: verstärkte soziale Spaltungen und gesundheitliche Chancenungleichheit   166 | Bezahlbare und zukunftsweisende Wohnungen – nicht nur für geflüchtete Menschen   167 | Wachstum als Motor für wirtschaftliche Entwicklung   167 | Wie weiter?   168

Literatur/Filme 170

Vorwort

Die »soziale Gerechtigkeit« war das beherrschende Thema des Wahlkampfes zur Bundestagswahl 2013. Alle fünf im Bundestag vertretenen Parteien überboten sich mit Forderungen und Versprechungen. Von diesen war in den Vereinbarungen der Großen Koalition nur noch wenig wiederzufinden. Die Halbzeitbilanz nach zwei Jahren fiel verheerend aus: Außer der partiellen Einführung eines – nach der Einschätzung vieler Expert/innen viel zu niedrigen – Mindestlohns, der nicht einmal vollständig umgesetzt und immer noch umstritten ist, war praktisch nichts Positives zu vermelden. Demgegenüber steht eine ganze Liste von neuen Maßnahmen und Streichungen öffentlicher Mittel in vielen sozialen Bereichen.

Die Konsequenzen sind unübersehbar: Selbst der *Internationale Währungsfonds (IWF)* muss gegen die eigene Sparpolitikdoktrin in seinem am 15.6.2015 vorgelegten Bericht »Causes and Consequences of Income Inequality« bestätigen, dass Ungleichheit und die fehlende Umverteilung von Einkommen negative Auswirkungen auf das Wachstum haben und die steigenden Gewinne der Superreichen nicht bei der Mehrheit ankommen. *Oxfam* forderte zu Recht erneut aus diesem Anlass, der immer weiter voranschreitenden Konzentration von Vermögen und Einkommen entgegenzusteuern. Hier beginnt die Herausforderung, der sich das vorliegende Buch gestellt hat: die von dem französischen Ökonomen Thomas Piketty begonnene konkrete sozioökonomische Analyse der sozialen Spaltung auch auf Deutschland und seine Hauptstadt Berlin zu übertragen.

Die empirischen Befunde der Analysen in diesem Buch sind ernüchternd. Ausgerechnet Berlin – die Hauptstadt des reichsten Landes Europas (nach dem Bruttoinlandsprodukt) – ist die ärmste Hauptstadt in Europa, verglichen mit der durchschnittlichen nationalen Bevölkerung. Kaum jemand kann ernsthaft bestreiten, dass immer größere Teile der Bevölkerung ausgegrenzt, marginalisiert und diskriminiert werden. Was aber gerne im öffentlichen Diskurs verschwiegen oder unterschlagen wird, ist die jetzt auch für die Hauptstadt nachgewiesene Kehrseite der Medaille: die Konzentration von Einkommen, Vermögen und damit auch Lebenschancen bei einer geringen Zahl von Superreichen, die trotz Wirtschafts-und Finanzkrise immer reicher werden. Dies mit aktuellen Zahlen und Statistiken nachzuweisen, ist das große Verdienst dieser Untersuchung.

Wir freuen uns, zu dieser wichtigen Veröffentlichung in Form einer Kooperation beitragen zu können. Unsere Stiftung unterstützt das vorliegende

Buchprojekt, weil es unser Ziel, die Überwindung der sozialen Spaltung und die Herstellung von sozialer Gerechtigkeit, die diesen Namen verdient, fördert: Den sozialen Menschenrechten, wie sie im UN-Sozialpakt von 1966 völkerrechtlich verbindlich festgeschrieben sind, soll auch bei uns zum Durchbruch verholfen werden.

Darunter verstehen wir die sozialen, wirtschaftlichen und kulturellen Menschenrechte im Sinne der UN-Definition (sogenannte SWK-Rechte): das Recht auf Selbstbestimmung, die Gleichberechtigung von Mann und Frau sowie:

- das Recht auf Arbeit, gerechte Arbeitsbedingungen, gleichen Lohn, Freizeit, Koalitionsfreiheit, Art. 6-8.
- das Recht auf soziale Sicherheit, Art. 9,
- das Recht auf einen angemessenen Lebensstandard bezüglich Ernährung, Bekleidung und Wohnung, Art. 11,
- das Recht auf ein Höchstmaß an geistiger und körperlicher Gesundheit, Art. 12,
- das Recht auf Bildung, Art. 13, 14,
- das Recht auf Freiheit des Kulturlebens, Art. 15.

Voraussetzung ihrer Verwirklichung in Deutschland ist die Ratifizierung des Fakultativprotokolls von 2008, dass inzwischen von mehr als zehn Ländern unterzeichnet ist, die Festschreibung der einzelnen Rechte im Grundgesetz als Grundrechte und deren Umsetzung in geltendes Recht.

Wir haben 2015 auf einer Fachtagung in Kooperation mit ver.di, der IPPNW, der Humboldt Law Clinic und anderen die vier wichtigsten sozialen Menschenrechte umfangreich theoretisch und praktisch debattiert. In einer Politikerrunde wurden Vertreter/innen der im Bundestag vertretenen Parteien mit der Frage konfrontiert: »Soziale Menschenrechte – (K)ein Thema für Deutschland?«. Die anwesenden Vertreter/innen der SPD, der Linken und der Grünen waren sich einig, dass die sozialen Menschenrechte einzuführen und umzusetzen sind. Ein erster Schritt dazu muss die Ratifizierung des Fakultativprotokolls von 2008 zum UN-Sozialpakt sein, damit die sozialen Menschenrechte auch einklagbar werden. Bis dies tatsächlich gegen den Widerstand vor allem aus der CDU und wichtiger Interessenverbände realisiert werden kann, ist es ein weiter Weg. Dazu bedarf es der Aufklärung über die Ursachen der sozialen Spaltung und des Engagements der sozialen Bewegungen. Möge dieses Buch dazu beitragen und eine weite Verbreitung finden.

Eberhard Schultz
www.sozialemenschenrechtsstiftung.org

Einleitung: Berlin auf dem Weg von der geteilten zur gespaltenen Stadt?

Berlin hat eine bewegte Geschichte, die ihre kulturellen, ökonomischen und sozialen Spuren hinterlassen hat. Wir gehen der Frage nach, die schon in einer im Jahr 2002 veröffentlichten Studie »Berlin – von der geteilten zur gespaltenen Stadt?« (Häußermann/Kapphan 2002) gestellt wurde: Inwiefern ist diese Stadt, die eine 40-jährige politische Teilung hinter sich hat, inzwischen anders gespalten, nämlich im sozialen Sinne? Soziale Spaltungen sind keine Naturgesetze, sondern Resultat davon, wie Stadtentwicklung gesteuert oder den Gesetzen des Marktes überlassen wird. Wem gehört die Stadt? Den Menschen, die in ihr leben oder bestimmen die Investoren und Spekulanten, wie Berlin sich weiter entwickelt? Die Wahl zum Berliner Abgeordnetenhaus im September 2016 wird über wichtige Weichenstellungen entscheiden.

Im Jahr 2016 lässt sich jedenfalls feststellen, dass Berlin die einzige europäische Hauptstadt ist, deren Einwohner ärmer sind als die durchschnittliche nationale Bevölkerung. Freilich gilt für ganz Deutschland, dass trotz wirtschaftlicher Prosperität die Kluft zwischen Arm und Reich größer geworden ist. Im Übrigen ist dieses Auseinanderdriften ein weltweites Phänomen. Gebraucht werden Mut und Entschlossenheit hin zu einer anderen Politik, denn die wachsende Kluft zwischen Arm und Reich betrifft nicht nur die Einkommen und Vermögen, sondern auch Lebenschancen und Lebensqualität. Die Konzentration der Vermögenswerte auf immer weniger Menschen hat Folgen für das soziale Klima in einer Stadt, für Lebenswelt und Lebensgefühl, für eine im umfassenden Sinne verstandene Stadtkultur. Da hilft kein Schönreden wie »Berlin ist arm, aber sexy«.

Für Berlin soll konkretisiert werden, was der paritätische Gesamtverband in einer Studie von 2016 für ganz Deutschland feststellte:

- Das wachsende Armutsrisiko, gemessen an einem verfügbaren Einkommen von weniger als 60 Prozent des durchschnittlichen Einkommens, gilt besonders für Erwerbslose, Alleinerziehende, die in der Mehrheit Frauen sind, und – wegen des sinkenden Rentenniveaus – ältere Menschen.
- Arme sind gesundheitlich stärker gefährdet. So hat das Aufwachsen in einem Armutsmilieu gravierende Folgen für die psychische und körperliche Entwicklung von Kindern.

- Durch eine anhaltende Langzeitarbeitslosigkeit, die bundesweit knapp über eine Million Menschen betrifft, und die Ausweitung prekärer Arbeit wird der Arbeitsmarkt in Gewinner und Verlierer gespalten.
- Jugendliche mit unteren Bildungsabschlüssen haben es schwer, in eine berufliche Ausbildung zu kommen. Dahinter stehen ungleiche Bildungschancen, angefangen von der Kita bis zur beruflichen Ausbildung, Studium und Weiterbildung. Der Anspruch auf Inklusion steht im Gegensatz zu einem selektiv strukturierten Bildungssystem.
- Migrant/innen und Flüchtlinge sind beim Zugang zu Arbeit, zu Bildung, zu gesundheitlicher Versorgung und zu angemessenem Wohnraum stark benachteiligt.
- Die massive Wahlenthaltung hat als Hintergrund die mangelnde gesellschaftliche Teilhabe bei den armen Teilen der Bevölkerung.

Aktuell spitzen sich die Auseinandersetzungen um die Flüchtlings- und Wohnungspolitik in Berlin zu. In beiden Politikfeldern zeigt sich eine Art Kontrollverlust der Politik. Berlin hat 2015 knapp 80.000 Flüchtlinge, die anderen Stadtstaaten Hamburg und Bremen 50.000 bzw. 10.000 Flüchtlinge aufgenommen. Es muss festgehalten werden, dass alle Kommunen Probleme im Umgang mit der Anzahl der Schutzsuchenden haben und sich erst darauf einstellen mussten, da weder die sachlich-baulichen noch die personellen Ressourcen vorhanden waren. Dennoch gibt es Unterschiede, wie die Kommunen die Anforderungen gemanagt haben, und in Berlin gelang dies nicht besonders gut.

Die unhaltbaren Zustände am für die Registrierung und Verteilung der Flüchtlinge zuständigen Landesamt für Gesundheit und Soziales (LAGeSo) sind Ausdruck einer jahrelangen personellen Austrocknung des öffentlichen Dienstes und einer Vernachlässigung der städtischen Infrastruktur. Manche sprechen von einem Behördenversagen. Die Flüchtlingsproblematik zwingt den Berliner Senat, diese Politik zu überdenken und zu handeln. Es geht daher nicht mehr darum, die öffentliche Beschäftigung auf ein Minimum zu reduzieren, um einem neoliberalen Ideal vom schlanken Staat zu huldigen, sondern konkret um die Wiederherstellung staatlicher Handlungsfähigkeit.

Illustriert wird die fehlende Handlungsfähigkeit des Senats z.B. durch die Schließung des Regionalen Sozialen Dienstes des Jugendamtes Mitte, der zum dritten Mal in einem Halbjahr für eine Woche geschlossen werden musste. Der Regionale Soziale Dienst des Jugendamtes sei personell nicht mehr in der Lage, seine Aufgaben zu erfüllen, es fehlten jede Menge Stellen – so die zuständige Bezirksstadträtin.

Berlin auf dem Weg von der geteilten zur gespaltenen Stadt?

Gerade unter diesen Bedingungen bekommt die Wohnungspolitik in Berlin eine noch größere Bedeutung, denn die Nachfrage nach bezahlbarem Wohnraum wird weiter zunehmen. Nach letzten Schätzungen fehlen in Berlin mehr als 100.000 bezahlbare Wohnungen. Der Senat war auch hier gezwungen zu handeln. Er will zusätzliche Wohnungen bauen und 267 Mio. Euro innerhalb von fünf Jahren in die Wohnungsbauförderung stecken. Wohnungen sollen zurückgekauft und es soll mehr in die Modernisierung investiert werden.

Wie in anderen Großstädten muss in Berlin ein bezahlbares »Miteinander-Wohnen« gegen die Verwertungsinteressen finanzstarker Spekulanten und gegen politische Spardiktate durchgesetzt werden. Die Politik muss sich u.a. daran messen lassen, ob in Berlin eine soziale Entmischung der Stadtteile verhindert werden kann, denn ohne politische Einflussnahme werden die einkommensschwachen Teile der Bevölkerung in unattraktive Wohnlagen verdrängt und Milieus der sozialen Benachteiligung in Kauf genommen. Jedenfalls gibt es in Berlin lautstarken Protest, eine rege soziale Bewegung, die das »Recht auf Stadt« einfordert. Dieser Protest hat über die Initiierung eines Mieter-Volksentscheids den Senat zu einem Kompromiss in der Wohnungsfrage gezwungen und Ende 2015 zu einem »Gesetz zur Neuausrichtung der sozialen Wohnraumversorgung in Berlin« geführt.

Zu diesem neuen Gesetz ist es gekommen, weil sich viele Menschen gegen fortwährende Mieterhöhungen, gegen die Auswüchse der Immobilienspekulation, gegen Privatisierung des sozialen Wohnungsbaus und anderer öffentlicher Güter und damit gegen wachsende soziale Spaltung wehren und eine ökologische und soziale Stadtgestaltung fordern. Wie diese aussehen kann, dazu gibt es Differenzen und unterschiedliche Antworten, wie in den kurzen Interviews in diesem Buch exemplarisch zum Ausdruck kommt.

Soziale Spaltungstendenzen zeigen sich auch im Bereich Bildung-Ausbildung-Arbeit. Die sozialen Lebensverhältnisse junger Menschen entwickeln sich auseinander – je nach ökonomischer Situation des Elternhauses und Wohnbezirk. Der Übergang von der Schule in den Beruf ist entscheidend für die Verteilung von Berufs- und Teilhabechancen und Jugendliche aus Familien mit Einwanderungsgeschichte haben hier deutlich weniger Chancen. Erfolgreiche Übergänge in die Arbeitswelt stellen hier eine Seltenheit dar. Obwohl Berlin eine Stadt der Vielfalt ist und ein hoher Prozentsatz der Bevölkerung eine Zuwanderungsgeschichte hat, sind die Bedingungen, unter denen diese Vielfalt in positive Lebensentwürfe umgesetzt werden kann, stark begrenzt. Dies ist erkannt worden und es wird z.B. versucht, dem mit einer Reihe von Reformansätzen entgegenzuwirken: Einführung der Gemeinschaftsschule, Reform des Übergangs zwischen Schule und Beruf (Landeskonzept für Berufs- und Studienorientierung, Jugendberufsagentur), Überwindung der Förderschulen durch Inklusionspolitik (Umsetzung der UN-Behindertenrechtskonvention) und nicht zuletzt eine aktive Integrationspolitik zur Verbesserung der Übergänge von der Schule in die Ausbildung. Dies sind Ansätze, die forciert und ausgebaut werden müssten.

Berlin wurde früher einmal als »Laboratorium der Moderne« bezeichnet. Heute wäre die Frage: Kann Berlin zum Vorbild für eine soziale Stadtgestaltung werden, die heute unter anderen Bedingungen stattfindet als in der Zeit der Industrialisierung, als Berlin in rasender Geschwindigkeit zu einer boomenden europäischen Metropole wurde?

»Das Drama der Industriestadt des 19. Jahrhunderts waren Ausbeutung und Klassenkampf, das Drama der postindustriellen Stadt besteht darin, dass immer größere Teile der Bevölkerung nicht einmal mehr ausgebeutet werden. In den Städten entsteht eine gewissermaßen überflüssige Bevölkerung, die von Ausgrenzung bedroht ist.« (Häußermann/Kapphan 2002: 20) Die Industrie hat sich aus der Stadt zurückgezogen. Berlin ist heute eher durch postindustrielle Strukturen und atypische Beschäftigung geprägt und profitiert von der Ausbildung sogenannter Metropolfunktionen, die sich mit der Hauptstadtfunktion quasi naturwüchsig ergeben haben – von bewusster Steuerung kann hier keine Rede sein.

Will man eine Bilanz der Legislaturperiode der Berliner Großen Koalition ziehen, so entsteht der Eindruck, dass SPD und CDU von den Entwicklungen eher getrieben worden sind. Neben den alltäglichen Katastrophen wie z.B. dem Milliardengrab des Flughafens, den S-Bahn-Katastrophen und dem Forcieren von Prestigeprojekten (Stadtschloss, Oper etc.) ist die hier thematisierte soziale Spaltung der Stadt nicht ausreichend in den Fokus genommen worden. Wie die politischen Parteien diese Spaltung angehen, sollte Kriterium für die Beurteilung der politischen Kompetenz der Handelnden sein. Berlin braucht Investitionen und hier zeigen sich erste Verbesserungen, denn für die kommenden Haushalte sind mehr Investitionen und eine Aufstockung des öffentlichen Personals vorgesehen – zwar in einem bescheidenen Maß, aber dies ist gegenüber der bisher vorherrschenden Sparmentalität ein Fortschritt.

Weiterhin stimmt optimistisch, dass über die in Berlin 2016 bevorstehende Senatswahl hinaus Demokratie in vielen Formen und an vielen Orten stattfindet – überall wo sich die unterschiedlichen Akteure aus Bürgerinitiativen, sonstigen aktiven Gruppen und Gewerkschaften zu Wort melden und bei

Berlin auf dem Weg von der geteilten zur gespaltenen Stadt?

der Gestaltung der Stadt beteiligt sein wollen. Ihre Wirkung ist umso größer, je erfolgreicher sie sich auf gemeinsame Ziele verständigen und so Einfluss auf die Politik nehmen können. Wir wollen uns mit unseren Vorschlägen in diese Diskussion einmischen und Anregungen geben. Dabei lässt sich aus der Geschichte lernen.

Berlin und seine Bezirke

U-Bahn-Eingang Kottbusser Tor

Bevölkerung von Berlin (30.6.2015):	3.576.190
männlich:	1.759.169
weiblich:	1.817.021

Berlin, die deutsche Hauptstadt. Jeder kennt jemanden in Berlin und viele haben irgendwann überlegt, auch mal dorthin zu ziehen – vielleicht nicht für immer, aber mindestens für eine Weile. Im Moment ist Berlin sehr angesagt – insbesondere bei jungen kreativen Menschen. Aber was ist Berlin eigentlich? Eine moderne Großstadt, eine historische Gedenkstätte oder vielleicht eine Ansammlung von unterschiedlichen historischen Schauplätzen? Durch seine bewegte Geschichte ist Berlin mindestens eines nicht: ein stromlinienförmig durchgeplantes Einheitsgebiet. Berlins Unterteilungen sind so heterogen und vielfältig, wie es überhaupt auf ca. 892 km^2 möglich ist.

In diesem Kapitel werden Berlin und seine zwölf Bezirke kurz vorgestellt. Zuerst wird mithilfe einiger demografischer Merkmale aus der amtlichen Statistik die rasante Bevölkerungsentwicklung in den letzten Jahren nachgezeichnet. Anschließend geht es um die zwölf Bezirke, ihre unterschiedliche Größe – sowohl hinsichtlich der Bevölkerung als auch in Bezug auf die Fläche, ihre relativ neue Untergliederung in lebensweltlich orientierte Räume (LOR), ihren rechtlichen Status innerhalb des Landes Berlin sowie die Verwaltung von Berlin und den Bezirken.

Abbildung 1 zeigt die zwölf Berliner Bezirke nach der letzten Gebietsreform im Jahre 2001. Unterhalb der Bezirksebene besteht Berlin aus 96 Ortsteilen, die meist vor der Eingemeindung im Jahre 1920 eigenständige Städte, Dörfer oder Kreise waren. Aus diesem Grund entwickelten sich die einzelnen Kieze in Berlin im Laufe der Jahre sehr unterschiedlich. Während einige Stadtteile im Zentrum sehr hochverdichtet und städtisch sind, sind die Gebiete am Stadtrand oft eher ländlich geprägt. In den 1970er Jahren wurde sowohl im Ost- als auch im Westteil die damals moderne Plattenbauweise für die Schaffung von Wohnraum in Hochhaussiedlungen angewandt – oft am Stadtrand. Diese sind inzwischen in die Jahre gekommen und stark sanierungsbedürftig. Die ehemalige Berliner Mauer verlief zwischen Reinickendorf und Pankow, quer durch die Bezirke Mitte und Friedrichshain-Kreuzberg sowie zwischen Neukölln und Treptow-Köpenick.

Berlin und seine Bezirke 17

Abbildung 1: Die zwölf Berliner Bezirke

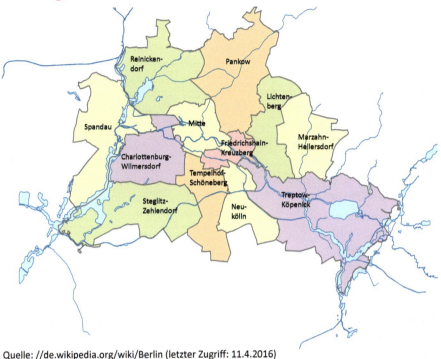

Quelle: //de.wikipedia.org/wiki/Berlin (letzter Zugriff: 11.4.2016)

Berlin – Eine rasant wachsende Stadt

Mit 3.576.190 Einwohnern zur Jahresmitte 2015 baut Berlin seine Position als größte deutsche Metropole weiter aus. Damit wohnen gegenwärtig über 160.000 mehr Menschen in Berlin als z.B. im Jahre 2005. Und die neueste Bevölkerungsprognose sagt eine Steigerung der Bevölkerungszahlen um ca. 266.000 Personen von 2014 bis zum Jahre 2030 voraus. (vgl. SenStadt 2016) Hiermit bleibt die deutsche Hauptstadt die zweitgrößte Stadt in Europa, zwar weit hinter London mit seinen ca. 8,5 Millionen Einwohnern, aber deutlich vor Madrid (ca. 3,1 Millionen). Mit einer männlichen Bevölkerung von 1.759.169 Personen gegenüber 1.817.021 weiblichen Einwohnern weist Berlin einen leichten Frauenüberhang auf.

Berlin boomt – nicht nur im Hinblick auf die große Anzahl Schutz suchender Menschen, die vor allem seit Anfang 2015 verstärkt hierher gezogen sind. Berlin ist auch ein bevorzugtes Ziel anderer Zuwanderergruppen, die in dieser

Abbildung 2: Natürliche Bevölkerungsbewegung in Berlin

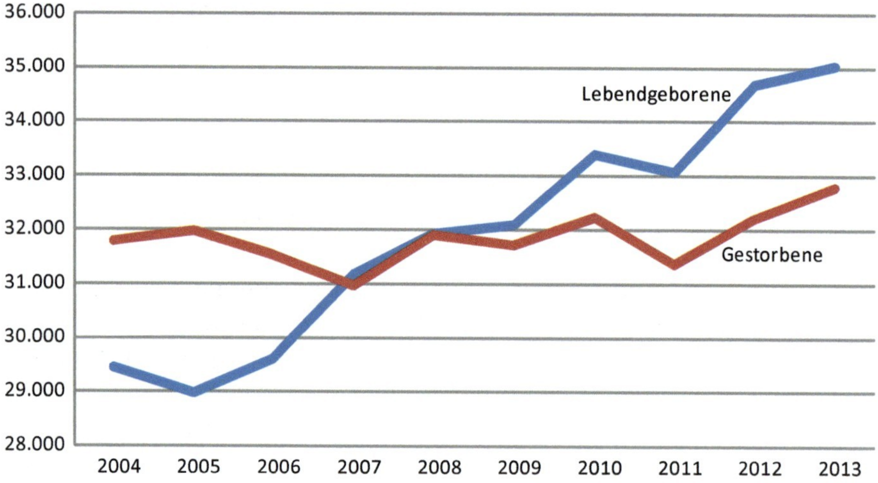

[Liniendiagramm mit Jahren 2004–2013, Linien "Lebendgeborene" und "Gestorbene", Werte von 28.000 bis 36.000]

Quelle: Amt für Statistik Berlin-Brandenburg

Stadt ihr Glück suchen, seien sie aus anderen EU-Ländern oder aus anderen deutschen Bundesländern (z.B. die Schwaben, die sich in den letzten Jahren verstärkt in den trendigen Ecken vom Prenzlauer Berg niedergelassen haben). Alle gemeinsam eint das Ziel, in Berlin erschwinglichen Wohnraum zu finden. Ob dies gelingt, ist momentan Glücksache. Mittel- oder langfristig wird es davon abhängen, inwieweit in den nächsten Jahren seitens der Planungsinstanzen adäquat auf diese Bevölkerungsentwicklung reagiert wird.

Die oben angesprochene Prognose der Senatsverwaltung geht im wahrscheinlichsten Fall von einer Bevölkerung von 3,828 Millionen Personen im Jahre 2030 aus. Auch die optimistischste Version der Prognose sieht lediglich einen Zuwachs auf 3,951 Millionen Personen in diesem Zeitraum vor. Da aber die Bevölkerungsentwicklung in Berlin in den letzten Jahren die bisherige Prognose (2012) inzwischen deutlich überholt hat, musste sie außerplanmäßig Anfang 2016 neu bearbeitet werden.

Der zuständige Berliner Senator für Stadtentwicklung hatte aber bereits 2015 in der Presse die Vier-Millionen-Marke angepeilt (Schönball 2015). Weiterhin werden die Neuberliner demografisch ein Stück weit beschrieben: »Sie sind 19 bis 24 Jahre jung und suchen einen Job, einen Studien- oder Ausbildungsplatz.« (ebd.)

Diese Bevölkerungsentwicklung wird nicht nur durch eine verstärkte Zuwanderung, sondern auch durch die »natürlichen Bevölkerungsbewegungen« verstärkt. Abbildung 2 zeigt die Zahl der Lebendgeborenen im Vergleich zur Zahl der Gestorbenen in Berlin für die Jahre 2004 bis 2013. Lag die Zahl der Gestorbenen im Jahr 2005 um ca. 2.300 höher als die Zahl der Lebendgeborenen, hat sich das Verhältnis im Jahre 2013 fast umgekehrt. Anhand der vorliegenden Daten ist es nicht möglich festzustellen, ob sich auch die Geburtenrate erhöht hat, aber die jungen Zuwanderer/innen tragen vermutlich auch zu dieser Entwicklung bei.

Diese neu ankommenden Menschen werden in der nahen Zukunft nicht nur erschwinglichen Wohnraum, sondern auch die dazugehörige soziale Infrastruktur benötigen. Durch die drei beitragsfreien Kitajahre vor der Schule und die gestiegenen Geburtenzahlen sind Kitas in vielen Nachbarschaften inzwischen eine Mangelware: Hier muss quantitativ und qualitativ nachgeholt werden. Nach jahrelanger Rückentwicklung müssen in vielen Bezirken neue Schulen gebaut werden, um die erhöhte Anzahl der schulpflichtigen Kinder aufnehmen zu können – aktuell die der Geflüchteten. Auch die bestehenden Schulen sind z.T. in marodem Zustand und müssen dringend saniert werden. Für die neu entstehenden Schulen und die neuen Aufgaben in bestehenden Schulen und Kitas (z.B. Sprachförderung) muss neues, gut qualifiziertes Personal angestellt werden. Letzten Endes werden sich diese Infrastrukturinvestitionen aber auch in höheren Steuereinnahmen und niedrigeren Transferzahlungen niederschlagen.

Die Berliner Bezirke – verhinderte Großstädte innerhalb eines Stadtstaats

Die Berliner Bezirke sind in vielerlei Hinsicht sehr heterogen – angefangen mit ihren relativen Bevölkerungsgrößen. Abbildung 3 zeigt die melderechtlich registrierte Bevölkerung in den Berliner Bezirken am 30.6.2015. Hier ist zu erkennen, dass die Bezirke tatsächlich die Größe von mittleren deutschen Großstädten[1] besitzen. Größenmäßig bewegt sich die Bevölkerung der Bezirke zwischen ca. 231.000 in Spandau und ca. 386.500 in Pankow – d.h. Pankow hat mehr als anderthalb Mal so viele Einwohner wie Spandau. Just die zwei

---

[1] Pankow, mit 386.570 Einwohnern der einwohnerstärkste Berliner Bezirk, würde den 17. Platz der deutschen Großstädte hinter Duisburg belegen.

Abbildung 3: Melderechtlich registrierte Bevölkerung in den Berliner Bezirken am 3.6.2015

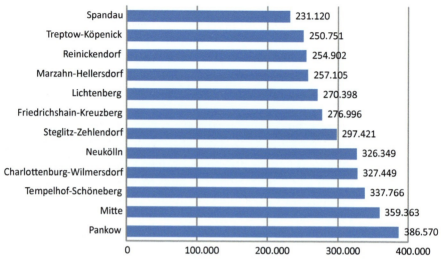

Quelle: Amt für Statistik Berlin-Brandenburg

bevölkerungsstärksten Bezirke – Pankow und Mitte – verzeichneten die größten Zuwächse seit 2005 (vgl. BA Mitte 2006).

Auch im Hinblick auf eine Reihe anderer relevanter Faktoren zeigen sich die Berliner Bezirke außerordentlich vielfältig. In Tabelle 1 werden einige Indikatoren vorgestellt, die Auskunft über die Attraktivität der einzelnen Bezirke als Wohnorte geben – je nachdem, was man sucht. Markant in dieser Aufstellung sind die z.T. sehr großen Unterschiede hinsichtlich der Gebietsfläche, der Bevölkerungsdichte sowie der mittleren Kaltmiete bei Neuvermietung. Der flächenmäßig größte Bezirk ist Treptow-Köpenick mit über 16.000 h. Er ist mehr als achtmal größer als der kleinste Bezirk, Friedrichshain-Kreuzberg. Am dichtesten besiedelt sind die beiden Innenstadtbezirke, Mitte und Friedrichshain-Kreuzberg, die aber trotz ihrer eher sozial benachteiligten Sozialstruktur die höchsten durchschnittlichen Kaltmieten für neue Mietverträge aufwiesen. Die Innenstadt ist demnach angesagt. Die Kehrseite dieser Entwicklung ist, dass durch diesen Prozess der Gentrifizierung die angestammten Bewohnergruppen verdrängt werden.

Die meisten Wohnungen sind im flächenmäßig großen Bezirk Pankow zu finden, diese sind im Schnitt etwas teurer als der Berliner Durchschnitt. Im Hinblick auf die durchschnittliche Wohnungsgröße steht der sozial gut

Berlin und seine Bezirke

Tabelle 1: Wohnbezogene Indikatoren für die Berliner Bezirke (2013)

	Fläche (h)	Bevölkerungs-dichte Einwohner/h	Wohnungen (insg.)	durchschn. Wohnungs-größe	mittlere Kaltmiete bei Neuvermie-tung (2014)*
Mitte	3.947	85,5	190.829	67,3 m²	10,00€/m²
Friedrichshain-Kreuzberg	2.034	129,6	147.470	68,5 m²	10,39€/m²
Pankow	10.307	36,0	209.988	72,5 m²	9,03€/m²
Charlottenburg-Wilmersdorf	6.472	46,7	182.569	78,3 m²	9,82€/m²
Spandau	9.187	24,2	117.964	73,8 m²	6,75€/m²
Steglitz-Zehlendorf	10.256	27,7	154.956	85,0 m²	8,58€/m²
Tempelhof-Schöneberg	5.310	61,1	180.493	74,8 m²	8,47€/m²
Neukölln	4.493	69,4	162.338	69,6 m²	8,50€/m²
Treptow-Köpenick	16.842	14,5	134.039	73,0 m²	7,40€/m²
Marzahn-Hellersdorf	6.178	40,6	133.415	71,3 m²	5,96€/m²
Lichtenberg	5.212	50,4	147.952	65,3 m²	7,98€/m²
Reinickendorf	8.931	27,6	129.785	77,2 m²	7,08€/m²
Berlin insgesamt	89.168	38,4	1.891.798	73,0 m²	8,55€/m²

Quellen: Amt für Statistik Berlin-Brandenburg: Statistisches Jahrbuch 2014, abgestimmter Datenpool, Bachner 2015

gestellte Bezirk Steglitz-Zehlendorf mit 85,0 m² deutlich vor dem ebenfalls gut gestellten Bezirk Charlottenburg-Wilmersdorf mit 78,3 m². In schönen großen Altbauwohnungen lässt es sich eben gut leben.

Wie regiert man eine Millionenmetropole?

Dreieinhalb Millionen Menschen auf fast 900 km² Fläche lassen sich schwer nur zentral regieren. Mit so vielen unterschiedlichen Bewohner/innen und Wohngebieten wird die Lage vom Zentrum aus gesehen sehr schnell unübersichtlich. Wie kann man trotz dieser Tatsache so etwas wie Volksnähe und Bürgerbeteiligung in einer Metropole wie Berlin herstellen? Wie man aus den Volksentscheiden der jüngsten Vergangenheit (z.B. in Bezug auf das Tempelhofer Feld, die Wasserwerke und die Wohnungsbaugesellschaften) ersehen kann, steht es mit dem Vertrauen der Bürger/innen in ihre Vertretung auf Landesebene momentan nicht unbedingt zum Besten. Die bestehende Unterteilung der Berliner Verwaltung in Bezirke, die eine Art politische Eigenständigkeit besitzen, hat eine lange Tradition, ist in der Praxis jedoch nicht immer unproblematisch. Aufgrund von z.T. nicht nachvollziehbaren Zuständigkeitsabgrenzungen zwischen den Bezirken und den Senatsverwaltungen kommt es immer wieder zu Konflikten.

Die bezirklichen Verwaltungen – nichts Halbes und nichts Ganzes

Auch bedingt durch die geschichtliche Entwicklung von Berlin als Zusammenschluss aus Städten und Dörfern (die Bewohner/innen von Spandau sagen immer noch: »Ich fahre nach Berlin«, wenn sie ins Zentrum fahren), hat sich in Berlin ein System des Regierens durch teilautonome Verwaltungsbezirke herausgebildet. Nach dem Fall der Mauer gab es 23 Bezirke im vereinigten Berlin. Zum Teil aus Einsparungsgründen wurde im Zuge der Bezirksreform im Jahre 2000 die Zahl der Bezirke auf zwölf reduziert. Hierdurch sollten – insbesondere auf der Ebene der politischen Vertretung und Planungsinstanzen – redundante Aufgaben (und das dazugehörige Personal) eingespart werden. Dies hat sich mittlerweile auf der operativen Ebene bewährt. Leider wurde bei dieser Reform jedoch nur eine Bezirkszusammenlegung durchgeführt. Andere Unzulänglichkeiten des bestehenden Systems wurden beibehalten.

Obgleich die Berliner Bezirke größer sind als die meisten deutschen kreisfreien Städte, sind sie im Hinblick auf ihre Aufgaben und Befugnisse keineswegs mit diesen vergleichbar. Da das Land Berlin als Stadtstaat eine Einheitsgemeinde ist, gibt es die Verwaltungsebene des Kreises nicht. Die Bezirke sind keine eigenständigen Gebietskörperschaften mit eigener Rechtspersönlichkeit, sie haben nicht einmal den Status einer Kommune. Vielmehr handelt es sich um »Selbstverwaltungseinheiten Berlins ohne Rechtspersönlichkeit« (§ 2 Abs. 1 Bezirksverwaltungsgesetz). Dadurch werden sie auch bei der amtlichen Bevölkerungsstatistik gänzlich außer Acht gelassen.[2] Ohne

---

[2] Bei der Novellierung des Bevölkerungsstatistikgesetzes des Bundes im Jahre 2013 wurde es den Standesämtern untersagt, »natürliche Bevölkerungsbewegungen« (Geburten und Gestorbene) sowie Wanderungen unterhalb der Ebene des Wohnorts (Berlin) zu erheben. Dies erfolgte gänzlich in der Beratung im Bundestag – trotz einer gegenteiligen Stellungnahme des Bundesrates. Als die betroffenen Fachressorts dies erfahren haben, war es zu spät. Das Gesetz trat in Kraft. Nachdem die dazugehörigen Probleme im Laufe des Jahres 2014 bekannt wurden, kam es still und heimlich zu einer weiteren Novellierung des Gesetzes, die doch die Erhebung der Wohnadresse als Hilfsmerkmal vorsieht. Durch die Unterbrechung

Berlin und seine Bezirke 23

die Bemühungen des Amtes für Statistik Berlin-Brandenburg im Bereich der kommunalen Statistik würde es – auch nicht zur Planungszwecken – keine Daten für die einzelnen Bezirke geben. Die Landesregierung ist nicht nur für die innerstädtische Infrastrukturplanung zuständig. Sie hat auch die Finanzhoheit über die Bezirke, ist für die Krankenhausplanung und -finanzierung verantwortlich und führt Übersicht über die Sicherstellung der ambulanten ärztlichen Versorgung durch die Kassenärztliche Vereinigung. Gewalten- bzw. Aufgabenteilung gibt es in einer Reihe von Bereichen: Während die Polizei (Land) für die Verbrechensbekämpfung zuständig ist, verfolgen die bezirklichen Ordnungsämter Ordnungswidrigkeiten. Im Schulbereich zeigt sich der Irrsinn der Kompetenzenverteilung deutlich: Während die Senatsverwaltung für die Aufrechterhaltung des Schulbetriebs verantwortlich ist, sind die finanzschwachen Bezirke für die Instandhaltung der maroden Schulgebäude zuständig.

Ihre Verwaltungsaufgaben nehmen die Bezirke über das Bezirksamt wahr, an dessen Spitze jeweils ein Bezirksbürgermeister steht. Das Bezirksamt ist jedoch kein geschlossenes Gremium, das durch eine Koalition von Parteien aus der Bezirksverordnetenversammlung (BVV) gebildet wurde, sondern ein Kollegium, bestehend aus fünf Stadträt/innen, die nach einem Verteilungsschlüssel von den Parteien gestellt werden, je nachdem wie stark sie in der BVV vertreten sind. Jeder Stadtrat und jede Stadträtin ist für mehrere Fachressorts zuständig und muss nur vor der BVV Rechenschaft ablegen. Das heißt, dass nicht einmal der/die Bürgermeister/in eine Richtlinienkompetenz im Bezirk hat. Er oder sie wird lediglich durch eine Zählgemeinschaft in der BVV gewählt und ist folglich von dieser Machtbasis abhängig.

Vor einigen Jahren wurde ein Versuch gestartet, das gegenwärtige System einer bezirklichen Regierung (Bezirksamtskollegium, bestehend aus z.T. sich gegenseitig blockierenden Vertreter/innen von konkurrierenden Parteien) zugunsten eines »politischen Bezirksamtes« aufzugeben. Hiernach sollte die Regierungsbildung durch eine Koalition von mehreren Parteien in der BVV erfolgen – wie im Bund und in den Ländern. Auf diese Weise würde die Politik der bezirklichen Regierung von allen Stadträten getragen werden (müssen), da diese letztendlich als Ganzes vor der Bezirksverordnetenversammlung für ihre Handlungen geradestehen müsste. Bei diesem Versuch wurde die

---

vom Jahresanfang 2014 bis zu dem Zeitpunkt, als die Software der Standesämter im Jahre 2015 aktualisiert werden konnte, gab es keine Erhebung von Geburten, Gestorbenen und Wanderungen unterhalb der Landesebene in Berlin. Dies führte auch dazu, dass zurzeit keine Bevölkerungsfortschreibung für die Berliner Bezirke möglich ist.

Reform jedoch durch SPD und CDU blockiert, die jeweils Angst davor hatten, ihre Machtbasis in einzelnen Bezirken zu verlieren.

Sozialraumorientierung – Kleinräumlichkeit als Maß aller Dinge?

Um die Entwicklung unterhalb der Bezirksebene besser steuern zu können, wurde 2009 durch die Senatsverwaltung für Stadtentwicklung eine Strategie der sozialräumlichen Planungskoordination initiiert. Hierbei wurde auf die guten Erfahrungen aus dem Quartiersmanagement im Rahmen des Programms »Soziale Stadt« aufgebaut, um auch flächendeckend in Berlin eine bessere Vernetzung von relevanten Akteuren im Bereich des staatlichen Handelns zu erreichen. Gedacht war, dass die Orientierung des Verwaltungshandelns auf das Wohnquartier der Bündelung von Ressourcen, der Förderung von Synergien sowie der Vermeidung von doppelten bzw. unnötigen Angeboten der sozialen Infrastruktur dienen und Versorgungsdefizite aufzeigen könnte.

Neben der Einrichtung einer neuen Verwaltungseinheit in den einzelnen Bezirken zum Zweck der besseren Koordinierung von Planung und Maßnahmen sollte im Rahmen der Sozialraumorientierung auch der fachliche Austausch zwischen den verschiedenen Fachämtern und Planungsinstanzen durch sich in regelmäßigen Abständen treffende Arbeitskreise gefördert werden. Das »Handbuch zur Sozialraumorientierung« wurde vom Senat am 24.11.2009 beschlossen. Der Rat der Bürgermeister stimmte ihm im April 2010 unter dem Vorbehalt zu, dass den Bezirken die erforderlichen Personal- und Sachmittel zur Verfügung gestellt werden (SenStadt 2012).

»Lebensweltlich orientierte Räume« – eine neue Untergliederung in Berlin

Eine wichtige Voraussetzung für die Einrichtung der Sozialraumorientierung im Land Berlin war daher die Etablierung eines neuen Systems der kleinräumlichen Untergliederung für die Stadt. Gemeinsam mit den planenden Fachverwaltungen des Senats, den Bezirken und dem Amt für Statistik Berlin-Brandenburg (AfS) wurden einheitliche »Lebensweltlich orientierte Räume« (LOR) abgestimmt. Die LOR wurden 2006 per Senatsbeschluss als neue räumliche Grundlage für Planung, Prognose und die Beobachtung demografischer und sozialer Entwicklungen in Berlin festgelegt. Da diese weitestgehend auf der Grundlage von bereits definierten Sozialräumen entstanden sind,

Berlin und seine Bezirke

eignen sie sich besser als die bisherigen Gliederungssysteme für Planung und Berichterstattung. Wichtig in diesem Zusammenhang ist, dass sich alle Ressorts und Verwaltungen in der Berliner Verwaltung auf diese Räume geeinigt haben. Im Laufe der Zeit wurden immer mehr planungsrelevante Daten für die LOR in einem »Datenpool« zur Verfügung gestellt. Das Ziel des kleinräumigen Ansatzes ist es, öffentliche Ressourcen künftig auf der Ebene der Planungsräume zielgerichteter und sozial gerechter, d.h. besser an der Lebenslage der Bewohner/innen orientiert, einzusetzen. (SenStadt: LOR im Internet). Leider gelingt dies nicht immer.

Die Lebensweltlich orientierten Räume in Berlin bestehen aus drei Ebenen: 447 Planungsräume (PLR), 138 Bezirksregionen (BZR) und 60 Prognoseräume (PRG). Sie haben sich in der Zwischenzeit als gut geeignete Raumeinheiten für Planung und Berichterstattung unterhalb der Bezirksebene erwiesen. Der »Datenpool« beim AfS wird regelmäßig aktualisiert und mit neuen Datenbeständen erweitert. Bei der Bevölkerung sind sie zwar so gut wie unbekannt, aber sie haben sich in fast allen Bereichen des Berichtswesens in Berlin durchgesetzt. Der Vorteil daran ist, dass Daten aus den unterschiedlichen Verwaltungsbereichen direkt mit soziodemografischen Kennzahlen für die gleichen Einheiten in Beziehung gesetzt werden können. Bei den Analysen unterhalb der bezirklichen Ebene in diesem Beitrag wird – je nach Bedarf – Bezug auf diese LOR genommen.

Sozialraumorientierte Planungskoordination

Zur Unterstützung der Umsetzung der Sozialraumorientierung ist in jedem Bezirk die Einrichtung einer neuen Verwaltungseinheit für sozialraumorientierte Planungskoordination (SPK) vorgesehen. Diese bestehen aus Mitarbeiter/innen für die Aufgabengebiete Datenkoordination, Bezirkskoordination und Stadtteilkoordination. Darüber hinaus gibt es weitere Elemente und Strukturen zur Unterstützung der Sozialraumorientierung, wie den Datenpool beim Amt für Statistik Berlin, die Entwicklung eines GIS-basierten[3] »Planungsraumbezogenen Informationsystems für Monitoring und Analyse« (PRISMA) sowie die Entwicklung von regelmäßig zu aktualisierenden Bezirksregionenprofilen mit einem einheitlichen Satz von Kernindikatoren zwecks Monitoring der Entwicklung. Die Organisationseinheit (OE)SPK sollte durch Umschichtung vorhandenen Personals gebildet werden. Die Senatsverwaltung unterstützt

---

[3] GIS = Geoinformationssystem

darüber hinaus jeden Bezirk mit jährlich 10.000 Euro zur Umsetzung und Weiterentwicklung der Sozialraumorientierung.

Da das Vorhaben durch immaterielle Unterstützung sowie durch finanzielle Anreize für die Bezirke flankiert wurde, gab es große Hoffnungen, dass dieser Ansatz von allen Bezirken aufgegriffen werden würde. Diese Hoffnung hat sich in der Praxis nicht ganz erfüllt. Während in einigen Bezirken die OE SPK mit qualifiziertem Personal und einem Rückhalt in Politik und Verwaltung eingerichtet werden konnten, fristen sie in anderen Bezirken eher ein Schattendasein. Hier haben sowohl politische Streitereien als auch die klammen bezirklichen Finanzen die Einrichtung der SPK (vorerst) verhindert. Das Gleiche gilt für die bezirklichen Arbeitskreise für Sozialraumorientierte Planungskoordination und die Bezirksregionenprofile.

Die Berliner Verwaltung – überaltert und personell ausgedünnt

Unter der Last der ca. 60 Milliarden Euro Schulden, die in den letzten Jahren sehr stark das Handeln der Politik und Verwaltung in Berlin geprägt haben, wurde eine zweiteilige Strategie verfolgt. Erstens wurde eine Reihe von staatlichen Unternehmen (u.a. die Wasser- und Stromversorgung sowie einige Wohnungsbaugesellschaften mitsamt Wohnungsbestand) verkauft. Neben der Veräußerung von Eigentum gab es auch eine beträchtliche Auslagerung von ehemals staatlichen Dienstleistungen an freie Träger, z.B. Kindergärten und Jugendeinrichtungen sowie Senioren- und Gesundheitseinrichtungen. Hier wurde nach dem bekannten neoliberalen Motto gehandelt: Privat ist immer besser als staatlich. Inzwischen wurde in vielen Fällen auch von den damals verantwortlichen Politiker/innen eingesehen, dass diese Strategie ein Fehler war. Der gegenwärtige Senat versucht sogar, strategisch wichtige Unternehmen (z.B. die Stromversorgung) zurückzukaufen.

Die zweite Strategie betraf das Landeseigentum sowie -personal. Es wurde in den Verwaltungen und Einrichtungen, die weiterhin im Landesbesitz verblieben sind, rigoros gespart. Notwendige Infrastrukturinvestitionen und Instandhaltungsmaßnahmen wurden vernachlässigt bzw. verschoben. Berlin ist zeitweilig aus der Tarifgemeinschaft der Länder ausgetreten, sodass mit den öffentlichen Beschäftigten ein Lohnverzicht zugunsten von Freizeit vereinbart werden konnte. Es wurde in hohem Maße Personal gespart – dabei wurde nicht nach dem für die Aufgaben notwendigen Personal gefragt, sondern nach

Berlin und seine Bezirke

Abbildung 4: Beschäftigte im unmittelbaren Landesdienst in Berlin 1999* und 2014 nach Altersjahren

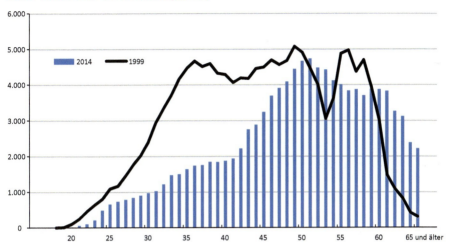

* angepasst für die unterschiedliche Aufgabenwahrnehmung
Quelle: Senatsverwaltung für Finanzen (SenFin 2014: 8)

der Haushaltslage. Wenn Mitarbeiter/innen in den Ruhestand gingen, wurde oft das Aufgabengebiet eingespart. In den letzten Jahren hieß es nicht mehr, dass Stellen (d.h. Personen) reduziert werden müssten, sondern lediglich VZÄ (Vollzeitäquivalente), z.T. mit Brachialgewalt. Diese Strategie blieb nicht ohne Auswirkungen auf die Altersstruktur der Beschäftigten.

Abbildung 4 vergleicht die Anzahl der Beschäftigten im unmittelbaren Landesdienst in Berlin in den Jahren 1999 und 2014 nach Altersjahren. Hieraus ist eine ganz klare Reduktion des Personals im abgebildeten 15-Jahreszeitraum sichtbar: Insbesondere die Zahl der Beschäftigten in den leistungsstarken Altersgruppen zwischen ca. 30 und 45 Jahren ist stark zurückgegangen. Das wird keineswegs durch die höhere Zahl der Personen, die ab dem 60. Lebensjahr weiterhin im Dienst sind, kompensiert. Die Altersstruktur in der Berliner Verwaltung (Zentralverwaltung sowie Bezirke) kann auch im neuesten Bericht zum Personalbestand im Land Berlin (SenFin 2015) genauer nachgezeichnet werden.

Abbildung 5 zeigt die Altersstruktur der Beschäftigten im unmittelbaren Landesdienst in Berlin am 1.1.2015, differenziert nach den bezirklichen bzw. Zentralverwaltungen. Insbesondere die Unterschiede zwischen den jüngsten

Abbildung 5: Beschäftigte im unmittelbaren Landesdienst in Berlin nach Altersgruppe

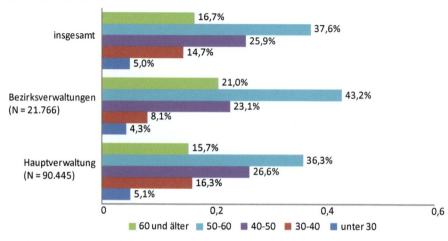

Quelle: Senatsverwaltung für Finanzen 2015

und ältesten Altersgruppen stechen hervor: Während ca. 5% aller Beschäftigten sowohl in den Bezirken als auch in den Senatsverwaltungen unter 30 Jahre alt sind, sind insgesamt fast 17% der Landesbeschäftigten über 60 Jahre alt – d.h., dass sie innerhalb der nächsten fünf Jahre in den Ruhestand gehen werden. Wenn auch die Gruppe der 50-60-Jährigen hinzugenommen wird, sieht die Lage noch dramatischer aus: Während insgesamt etwas über 50% der Beschäftigten im Lande Berlin über 50 Jahre alt ist, sind es fast zwei Drittel des Personals in den Bezirken. Hierbei ist das Durchschnittsalter in der Hauptverwaltung 48,5 Jahre – in den Bezirken sogar 51,2 Jahre.

Abbildung 5 zeigt auch, wo das Gros des Personals im Land Berlin beschäftigt ist: in der Hauptverwaltung. Mit insgesamt 90.445 Beschäftigten im Januar 2015 arbeiten ca. viereinhalb Mal so viele Menschen beim Senat als in den Bezirken (21.766). Ein Vergleich des Personalstandes in der Hauptverwaltung und den Bezirken zwischen 2008 und 2015 zeigt, wo der Schwerpunkt der Personaleinsparung in den letzten Jahren gesetzt wurde: Während der Personalstand in der Hauptverwaltung in diesem Zeitraum um ca. 4% reduziert wurde (von 94.079 auf 90.445 Personen), ging das Personal in den Bezirken um ca. 13% zurück (von 25.080 auf 21.776).

Angesichts der großen Herausforderungen, die in der nächsten Zeit bevorstehen – nicht nur durch die große Zahl der Geflüchteten –, würde man sich wünschen, dass eine Verwaltung bestehend aus jungen, engagierten Menschen, diesen Herausforderungen begegnen könnte. Erstrebenswert wäre eine ausgewogene Mischung aus jungen engagierten und erfahrenen älteren Mitarbeiterninnen und Mitarbeitern.

Berlin – Stadt der Vielfalt

Kunst am Haus Ecke Adalbertstraße/Waldemarstraße

Beim Spazieren durch die Straßen von Berlin trifft man auf eine Vielfalt von Menschen aus aller Herren Länder. Neben den unübersehbaren Touristenscharen und den relativ frisch eingereisten Menschen aus Krisengebieten, die hier Schutz und Sicherheit suchen, gibt es eine breite Palette von Menschen mit Wurzeln in anderen Ländern, die inzwischen Berlin zu ihrem Zuhause gemacht haben. Angefangen mit den »Gastarbeitern« und deren Angehörigen, über Flüchtlinge vor Kriegen im mittleren Osten und auf dem Balkan bis hin zu Studenten/innen und qualifizierten Arbeitskräften, die eigentlich nur für kurze Zeit nach Berlin kommen wollten, ist das Spektrum sehr breit. Einige dieser Menschen sind inzwischen deutsche Staatsbürger/innen geworden, andere sind noch »Ausländer« geblieben.[1] Ein großes Problem dabei ist, dass diese Gruppen in der Öffentlichkeit oft sehr undifferenziert wahrgenommen werden.

Wie wir seit dem Anfang des zunehmenden Flüchtlingsstroms infolge der Kriege im mittleren Osten und in Osteuropa gesehen haben, lässt die »Willkommenskultur« in Deutschland – d.h. auch in Berlin – sehr zu wünschen übrig. Ängste hinsichtlich einer angeblichen »Überfremdung« bzw. eines Missbrauchs von Sozialleistungen führen dazu, dass fremdenfeindliche Übergriffe und Anschläge auch in der Hauptstadt an der Tagesordnung sind. Die Tatsache, dass die Berliner Landesregierung den zunehmenden Bedarf an Wohnraum für die Unterbringung von Flüchtlingen lange Zeit sträflich vernachlässigt hat, gießt Wasser auf die Mühlen der Scharfmacher. Die politisch Verantwortlichen müssen diese Schieflage in den nächsten Monaten in den Griff bekommen. Angesichts der Tatsache, dass bis jetzt befürchtet wurde, dass sowohl die Altersstruktur als auch die Geburtenrate bei der einheimischen deutschen Bevölkerung die hiesigen Wirtschafts-, Gesundheits- und Sozialsysteme bald kollaborieren lassen würde, ist der Zufluss von z.T. gut ausgebildeten jungen Menschen eigentlich ein Grund zur Freude.

---

[1] Neben den in der amtlichen Statistik als »Ausländer/innen« aufgeführten Menschen, d.h. Menschen mit fremdem Pass, gibt es in Deutschland ebenfalls eine relativ große Gruppe von Menschen mit deutscher Staatsangehörigkeit, deren Leben jedoch durch die eigene Migration oder die der Eltern geprägt wurde. Diese Gruppe schließt Spätaussiedler, Eingebürgerte und insbesondere jüngere Kinder nichtdeutscher Eltern ein und rückte allerspätestens nach dem neuen Staatsangehörigkeitsgesetz, das 2001 in Kraft getreten ist, ins Licht der Öffentlichkeit. Obgleich die Gruppe insgesamt sehr heterogen ist, weisen viele dieser Menschen eine ähnliche Lebenssituation auf wie das Gros der Personen nichtdeutscher Staatsangehörigkeit (vgl. Bezirksamt Mitte 2011: 23ff.). Daher werden sie im Folgenden zur Gruppe der Menschen mit Migrationshintergrund (MH) gezählt.

Stadt der Vielfalt

Zuerst wird hier die Gruppe der in Berlin ansässigen Migrant/innen beleuchtet. Hierbei wird auf ihre Zusammensetzung, ihre Verteilung innerhalb des Stadtgebietes sowie auf ihre soziale Situation eingegangen. Anschließend wird schlaglichtartig die Situation der in Berlin asylsuchenden Menschen behandelt.

Eine Stadt – viele Herkunftsländer

Im Vergleich zu den anderen Städten im Ostteil Deutschlands wohnen in Berlin sehr viele Menschen mit einer Zuwanderungsgeschichte. Wie eingangs erwähnt, kamen in den Jahren seit dem Ende des Zweiten Weltkriegs Menschen aus zahlreichen Ländern und ganz unterschiedlichen Gründen nach Berlin. Viele sind hier geblieben und haben in Berlin eine neue Heimat gefunden. Dies zeigt sich auch in vielfältiger Weise in der Stadt. Im Kinder- und Jugendgesundheitsdienst des Bezirks Mitte wurden z.B. im Jahre 2014 Schulanfänger aus 114 unterschiedlichen Ländern untersucht.

Die Zusammensetzung der Migrant/innen in Berlin unterscheidet sich sehr stark je nach Stadtteil. Im Westteil der Stadt gibt es einen hohen Anteil von Menschen mit Migrationshintergrund, die z.T. lokal sehr stark konzentriert wohnen. Hier dominieren eher die Gruppen der ehemaligen Arbeitsmigrant/innen und ihre Familienangehörigen, insbesondere also Menschen türkischer Herkunft. Diese Migrantengruppen sind insbesondere in den sozial benachteiligten Nachbarschaften in den Bezirken Mitte, Neukölln und Friedrichshain-Kreuzberg zu finden.

Im Ostteil der Stadt dagegen gibt es für deutsche Verhältnisse insgesamt nur wenige Migrant/innen. Diese haben meist eine eigene Migrationserfahrung und stammen vornehmlich aus Osteuropa oder aus dem außereuropäischen Ausland. Im Vergleich zu den Migrant/innen im Westteil der Stadt sind sie meist besser qualifiziert und sozial besser gestellt.

In Abbildung 1 werden die fast 1.000.000 Menschen mit Migrationshintergrund, die am 30.6.2015 in Berlin wohnten, nach ihrem Migrationsstatus sowie Herkunftsgebiet abgebildet. Spitzenreiter bei den Herkunftsgebieten ist – erwartungsgemäß – die Türkei, gefolgt von den alten EU-Ländern, Polen und der ehemaligen UdSSR. Interessant ist auch die unterschiedliche Verteilung nach Migrationsstatus in den einzelnen Herkunftsgebieten. Die Tatsache, dass in Berlin wohnende EU-Bürger/innen eher die eigene Staatsangehörigkeit behalten, hat mit Sicherheit mit ihrer besseren rechtlichen Situation im Vergleich

Abbildung 1: Bevölkerung in Berlin mit Migrationshintergrund nach Herkunftsgebiet

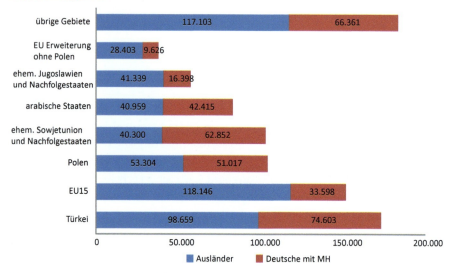

Quelle: Amt für Statistik Berlin-Brandenburg

zu Menschen aus anderen Ländern zu tun. Auf der anderen Seite reflektiert der hohe Anteil an Deutschen mit Migrationshintergrund aus der ehemaligen Sowjetunion und ihren Nachfolgestaaten mit hoher Wahrscheinlichkeit die Tatsache, dass nach dem Ende der UdSSR viele »Spätaussiedler/innen« aus diesen Gebieten nach Deutschland gekommen sind.

Räumliche Verteilung von Migrantinnen und Migranten in Berlin

Wie oben angedeutet, verteilt sich die Gruppe der Menschen mit einem Migrationshintergrund nicht einheitlich auf die Berliner Landkarte. Vor dem Mauerfall fristeten die ehemaligen Arbeiterquartiere im Westen (Kreuzberg, Wedding und Neukölln) eher ein kümmerliches Dasein als Randgebiete im Schatten der Mauer. Dort war der Wohnungsbestand eher alt, heruntergekommen, komfortlos und vor allem preiswert. Dies bewog u.a. Migrant/innen, die es sich nicht leisten konnten, in den modernisierten Wohnungen in anderen Stadtteilen zu wohnen, dorthin zu ziehen. Trotz vielfach erfolgter

Stadt der Vielfalt

Abbildung 2: Bevölkerung nach Migrationsstatus in den Berliner Bezirken

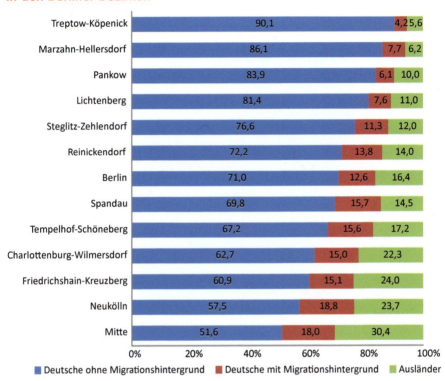

Quelle: Amt für Statistik Berlin-Brandenburg

Modernisierung in den 1980er und 1990er Jahren sowie der Gentrifizierungstendenzen in den letzten Jahren wohnen viele dieser Menschen immer noch in diesen Nachbarschaften.

Abbildung 2 zeigt die relativen Anteile an Menschen mit und ohne Migrationshintergrund (MH) in den Berliner Bezirken am 30.06.2015. Schon auf den ersten Blick werden die großen Unterschiede innerhalb der Bezirke deutlich. Mit einem Migrationshintergrund von insgesamt 48% der Bevölkerung liegt der Anteil im Bezirk Mitte fast fünfmal so hoch wie der in Treptow-Köpenick mit 9,3%. Ansonsten liegen die vier Bezirke mit den niedrigsten Anteilen von Bewohner/innen mit einem Migrationshintergrund im Ostteil der Stadt.

Deutlich zu erkennen ist, dass insgesamt die wenigsten Bewohner/innen mit einem Migrationshintergrund in den Ostberliner Bezirken zu finden sind,

Abbildung 3: Bevölkerung mit Migrationshintergrund in den Prognoseräumen in Berlin (30.6.2015)

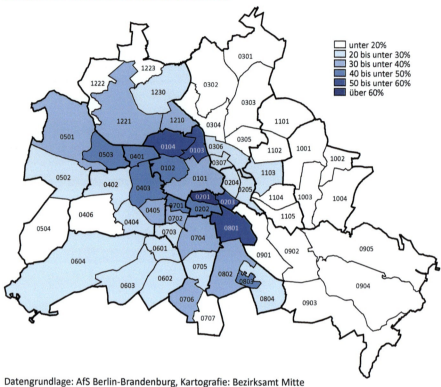

Datengrundlage: AfS Berlin-Brandenburg, Kartografie: Bezirksamt Mitte

die nicht 2001 mit einem Westberliner Bezirk fusioniert wurden, d.h. alle außer Mitte und Friedrichshain-Kreuzberg. In Marzahn-Hellersdorf bildet die Gruppe der Deutschen mit MH sogar den größeren Anteil der Migrant/innen insgesamt. In vielen Fällen handelt es sich bei dieser Gruppe um »Spätaussiedler/innen«, die sich häufig im Ostteil der Stadt niederließen.

Es gibt auch unterhalb der Bezirksebene große Unterschiede beim Anteil der Menschen mit Migrationshintergrund. Abbildung 3 zeigt den jeweiligen Anteil in den Prognoseräumen (PRG) in Berlin am 30.6.2015. Gut zu erkennen sind die unterschiedlichen Anteile im Ost- und Westteil der Stadt. Im Westteil wird die Konzentration von Migrant/innen in wenigen zentral gelegenen Prognoseräumen deutlich. Anteile von über 50% gibt es gegenwärtig in fünf Prognoseräumen: Wedding (0104), Gesundbrunnen (0103), Kreuzberg-Nord (0201), Kreuzberg-Ost (0203) sowie Neukölln (0801). Mit einem über

66%-Anteil an Menschen mit MH führt Kreuzberg-Nord unangefochten die Rangordnung an. Auffällig in Abbildung 3 ist die Tatsache, dass es kaum Prognoseräume im ehemaligen Ostberlin gibt, in denen der Migrantenanteil über 20% liegt.

Auf der Karte sind die großen Unterschiede im Migrantenanteil zwischen den Prognoseräumen einiger Bezirke gut zu erkennen. Extrem sind die Anteile innerhalb des Bezirkes Friedrichshain-Kreuzberg. Die fünf Prognoseräume weisen vier verschiedene Niveaus beim Anteil der Bevölkerung mit MH auf: Während in Kreuzberg-Nord (0201) über 60% der Bevölkerung einen MH aufweisen, sind es in den beiden Friedrichshainer PRG (0204 und 0205) lediglich 20 bis 30% der Bewohner. Im Bezirk Mitte fallen die vier PRG in drei verschiedene MH-Klassen. Insbesondere Gesundbrunnen (0103) und Wedding (0104) weisen Bevölkerungsanteile mit MH von 50 bis 60% auf.

Soziale Lage der Migrant/innen in Berlin

Die »Gastarbeiter« wurden in der Bundesrepublik Deutschland in Zeiten des Wirtschaftswunders für die Arbeit in den Fabriken der Industrie rekrutiert. Es wurde Wert darauf gelegt, dass sie gesund und kräftig genug waren, um die Arbeiten zu erledigen, für die nach Meinung der Unternehmer/Innen ihre gut qualifizierten einheimischen Arbeiter/innen zu schade für waren. Deutsche Sprachkenntnisse bzw. Erfahrung in der Industrie waren nicht unbedingt Voraussetzungen. Es wurden auch keine großen Anstrengungen in Richtung Integration gemacht, da – so die Überlegung – diese Menschen ohnehin wieder in ihre Heimatländer zurückkehren würden, wenn sie nicht mehr gebraucht würden. Die Kurzsichtigkeit dieser Strategie wurde insbesondere evident, nachdem viele ihre Arbeit im Zuge der Rezession in den 1970er Jahren verloren hatten, aber nicht in ihre Heimat zurückkehrten.

Abgesehen von dieser generellen sozialen Benachteiligung der ehemaligen »Gastarbeiter« ist die Problemlage in Berlin besonders zugespitzt. Basierend auf einer Auswertung des Mikrozensus 2005 führte das Deutsche Institut für Wirtschaftsforschung (DIW) 2008 eine Studie zur wirtschaftlichen Lage der Migrant/innen in Berlin durch (vgl. Brenke 2008). Hierbei wurde auch die Situation von Migrant/innen in Berlin mit der Lage dieser Bevölkerungsgruppe in anderen deutschen Großstädten verglichen. Ein zentrales Ergebnis dieser Studie war, dass die Menschen mit MH nicht nur wirtschaftlich schlechter dastehen als die Bevölkerung ohne MH, sondern auch um einiges sozial schlechter gestellt sind als Migrant/innen in anderen deutschen Großstädten. Dies lässt sich mithilfe einer ganzen Reihe von Indikatoren demonstrieren, u.a. am Haushaltseinkommen, an der Erwerbsbeteiligung, an der Art der Erwerbstätigkeit und am beruflichen Abschluss. Diese soziale Schlechterstellung gilt insbesondere für Personen mit Bindungen in die Türkei (vgl. ebd.: 496ff.).

Aufgrund der deutschen Datenschutzbestimmungen ist es so gut wie unmöglich, fundierte Angaben zur sozialen Lage von in Berlin wohnenden Menschen mit Migrationshintergrund zu erhalten. Hierfür eignen sich lediglich Befragungen wie der Mikrozensus, der leider insgesamt nur eine verhältnismäßig kleine Stichprobe erfasst, oder auch die Befragung der Eltern anlässlich der Schuleingangsuntersuchung. Dadurch, dass ca. 90% der Eltern jährlich die freiwilligen Fragen zur Schulbildung, beruflichen Bildung und Erwerbstätigkeit sowie zur Herkunft der Familie beantworten, gibt es zumindest für diese Bevölkerungsgruppe relativ zuverlässige und aktuelle soziodemografische Angaben – auch differenziert nach Bezirk bzw. LOR.

Abbildung 4 zeigt den sozialen Status der Eltern der Berliner Schulanfänger/innen nach ihrem Herkunftsgebiet für das Schuljahr 2014/2015 (Bettge/ Oberwöhrmann 2015). Hierbei kommen zum Teil gravierende soziale Statusunterschiede zwischen den verschiedenen Herkunftsgruppen zum Vorschein. Insbesondere Kinder aus Familien türkischer und arabischer Herkunft, bei denen mehr als die Hälfte der Familien zur unteren sozialen Statusgruppe zählt, wachsen in einer dezidiert sozial benachteiligten Umgebung auf. Bei den Schulanfänger/innen aus westlichen Industriestaaten sowie bei den deutschen Schulanfänger/innen ohne MH liegt der entsprechende Anteil um 10% oder niedriger. Auf der anderen Seite stechen die Familien der Kinder aus westlichen Industriestaaten hervor. Hiervon gehören fast 60% zur »oberen« sozialen Statusgruppe. Deutlich in dieser Auswertung ist, dass die einfache Gleichung »Migrationshintergrund = sozial benachteiligt« zu kurz greift.

Ein wichtiger Bestimmungsfaktor für die insgesamt schwierige soziale Lage vieler Menschen mit Migrationserfahrung sind die strukturellen Benachteiligungen im Bereich der Schul- und Berufsbildung – insbesondere der hohe Anteil der Erwachsenen ohne Schulabschluss. Dadurch, dass die notwendigen Voraussetzungen für eine qualitativ hochwertige Beteiligung am Erwerbsleben fehlen, sind viele dieser Menschen darauf angewiesen, unsicheren und krisenanfälligen Beschäftigungsverhältnissen nachzugehen, und sie werden dadurch auch relativ schnell arbeitslos. Um eine lang anhaltende Verbesserung der sozialen Lage dieser Bevölkerungsgruppe zu erreichen, muss dieser Teufelskreis durchbrochen werden.

Stadt der Vielfalt

Abb. 4: Sozialer Status der Eltern der Berliner Schulanfänger/innen nach ihrem Herkunftsgebiet für das Schuljahr 2014/2015

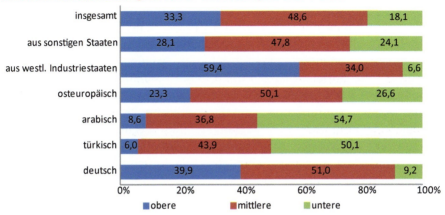

Quelle: Bettge/Oberwöhrmann 2015

Bildung spielt nicht nur eine wichtige Rolle als Determinante der sozialen Lage, sondern ist auch ein wichtiger Faktor für die Gesundheit der Bevölkerung. Zahlreiche Untersuchungen haben eine enge Korrelation zwischen dem Bildungsniveau und dem gesundheitlichen Zustand festgestellt. Bildung wird sowohl als wichtiger Einflussfaktor für den allgemeinen gesundheitlichen Zustand der Bevölkerung als auch für die Inanspruchnahme von gesundheitlichen Vorsorgeangeboten angesehen. Sowohl in der Betrachtung der gesundheitlichen Lage als auch in der Einschätzung und Gestaltung der Versorgungsstruktur ist es wichtig, das Bildungsniveau der betroffenen Population zu berücksichtigen. Anhand des Mikrozensus ist es möglich, das Bildungsniveau der Bevölkerung differenziert zu analysieren.

Durch eine Sonderauswertung des Mikrozensus 2008 wurde vom Bezirk Berlin-Mitte für diesen Bezirk und die gesamte Stadt eine Analyse der sozialen Lage der Wohnbevölkerung nach Migrationsstatus (Deutsche ohne MH, Deutsche mit MH und Ausländer) durchgeführt (Bezirksamt Mitte 2011). Hierbei sind einige interessante Ergebnisse zutage getreten. Sowohl bei der Schulbildung als auch bei der beruflichen Bildung sind markante Unterschiede in den drei Gruppen erkennbar – insbesondere im Hinblick auf die Gruppen ohne schulischen bzw. ohne beruflichen Abschluss. Mehr als zehn Mal so viele Ausländer/innen in Berlin (23,6%) verfügten über keinen Schulabschluss als Deutsche ohne MH (2,3%). Mit 10,9% lagen die Deutschen mit MH dazwischen. Interessant ist auch, dass es beim Abitur andersherum war – sowohl bei den Deutschen mit Migrationshintergrund als auch bei den Migrant/innen ohne deutschen Pass war der Anteil der Bevölkerung mit Hochschulreife etwas höher als bei den Deutschen ohne MH (ebd.: 25). Bei der beruflichen Bildung wurden die gleichen Phänomene beobachtet, aber auf höherem Niveau (ebd.: 29).

Man könnte hoffen, dass die oben angesprochenen Unterschiede im Bildungsstand nach Migrationsstatus eher ein Relikt aus der Zeit der Rekrutierung der »Gastarbeiter« sind. Eine ähnliche Analyse der damaligen Schulabsolventen/innen bzw. Abgänger/innen wurde vom Bezirk Mitte anhand der einschlägigen Statistik durchgeführt (ebd.: S. 26). Der Anteil der ausländischen Schulabgänger/innen *ohne Schulabschluss* war mit 17,2 % fast doppelt so hoch wie der der deutschen (9,2 %). Auch die aktuellere Statistik für das Schuljahr 2013/2014 zeigt, dass sich dieses Verhältnis kaum verändert hat (15,5 % gegenüber 8,7 %, Amt für Statistik 2015).

Letzten Endes führen diese unterschiedlichen Voraussetzungen in der Bildung auch zu Unterschieden bei anderen Indikatoren der sozialen Lage. Diese können anhand von Indikatoren im Mikrozensus ausgemacht werden. So werden im oben angesprochenen Bericht aus Mitte z.B. bedeutende Einkommensunterschiede nach MH festgestellt (ebd.: 40). So verfügten Menschen mit MH (undifferenziert) in Berlin mit 575 € monatlich über etwas mehr als die Hälfte des Pro-Kopf-Einkommens der Menschen ohne MH (1.075 €).

Diese prekäre soziale Situation der Menschen mit Migrationshintergrund birgt auch die Gefahr der Verdrängung angesichts der Einreise von besser gebildeten Migrant/innen, die hier Schutz und schließlich Arbeit suchen.

Auf der Flucht vor Krieg und Verfolgung

Seit 2015 verstärkte sich der große Zustrom von Menschen, die ihre Heimat verlassen haben, um Sicherheit in (West-)Europa zu finden. Auf Deutschland bezogen stellten im Jahre 2015 insgesamt 476.659 Menschen Erstanträge auf Asyl – mehr als doppelt so viele wie im Jahr 2014 (BAMF 2/2016). In Berlin ist die Entwicklung ebenfalls rasant. Nach Angaben des Senats sind bis zum Jahresende 2015 ganze 79.034 Flüchtlinge aus Kriegsgebieten in Berlin angekommen. 54.325 blieben hier, um Asyl zu beantragen (RBB Aktuell Online, 7.1.2016). Im ganzen Jahr 2014 beantragten lediglich um die 12.000 Menschen Asyl in Berlin.

Stadt der Vielfalt 41

Sowohl die politisch Verantwortlichen als auch die entsprechenden Behörden in ganz Europa – nicht nur in Deutschland bzw. in Berlin – wurden durch das Ausmaß und die Geschwindigkeit der Fluchtbewegung im Jahre 2015 überwältigt. Gespeist durch die kriegerischen Auseinandersetzungen in einer Reihe von »failing states« (insbesondere Syrien und Afghanistan), die Abertausende zur Flucht getrieben haben, kommen Schutz suchende Menschen in Europa an, mit der Hoffnung, hier in Sicherheit zu sein. Diese Menschen werden in den einzelnen EU-Ländern sehr unterschiedlich empfangen – die Bandbreite reicht von der anfangs in Deutschland praktizierten »Willkommenskultur« bis hin zur faktischen Weigerung in Ländern wie Ungarn, Schutz suchende Menschen aufzunehmen. Angesichts der gegenwärtigen Situation in vielen Ländern der EU sind verbindliche Abmachungen auf europäischer Ebene dringend notwendig.

Trotz der faktischen Probleme bei der Bewältigung des Ansturms der Schutz suchenden Menschen in Deutschland dürfen in der gesellschaftlichen Diskussion die rechtsextremen Kräfte, die die Hilflosigkeit der Politik nutzen, um ihre Agenda des Hasses und der Fremdenfeindlichkeit zu verbreiten, nicht die Oberhand gewinnen. Angesichts der Tatsache, dass die eher armen Anrainerstaaten (z.B. Libanon und die Türkei) seit Jahren Millionen von Geflüchteten aus Syrien oder Afghanistan aufgenommen haben, ist die Vorstellung, dass ein reiches Land wie Deutschland mit dem Ansturm der Hilfesuchenden langfristig überfordert sein könnte, lächerlich. Gleichwohl wird deutlich, dass sich der langjährige Investitionsstau im Bereich der (sozialen) Infrastruktur in den Kommunen, der durch die Politik der »schwarzen Null« sowie durch die »Schuldenbremse« verursacht wurde, mit Brachialgewalt rächt.

Das Berliner LAGeSo – eine hoffnungslos überforderte Behörde

Ein Spaziergang über das Gelände des ehemaligen Krankenhauses Moabit im Bezirk Mitte im Sommer 2015 präsentierte dem staunenden Besucher Szenen, die überhaupt nicht an eine deutsche Behörde erinnerten. Hier inmitten historischer Klinkerbauten aus dem 19. und Alt-Neubauten aus dem 20. Jahrhundert liegt die Zentrale Aufnahmeeinrichtung des Landes Berlin für Asylbewerber/innen, das Landesamt für Gesundheit und Soziales (LAGeSo). Zwischen den pittoresken Gebäuden, auf den grünen Rasen- und Wiesenflächen spielten Kinder und Jugendliche Fußball, während ihre Eltern auf ihren Termin warteten. Dazwischen teilten Duzende freiwilliger Helfer/innen spontan besorgtes Essen sowie andere Lebensnotwendigkeiten an dankbare Hilfesuchende aus. Alles hatte einen provisorischen Charakter und wurde durch das beherzte Engagement der Helfenden getragen.

In Berlin richtete sich seit Monaten alle Aufmerksamkeit auf das LAGeSo, wo sich bis Mitte November alle asylsuchenden Menschen zuerst registrieren lassen mussten, ehe sie ihren Anspruch auf finanzielle bzw. medizinische Hilfe oder eine Unterkunft geltend machen konnten. Dies führte dazu, dass sich in der näheren Umgebung dieser Behörde eine schier unüberschaubare Menschenmenge aufhielt und auf das erlösende Erscheinen ihrer Wartenummer auf einer Anzeigentafel wartete. Aus Angst, dass sie ihre Nummer verpassen könnten, blieben die Menschen in der Nähe der Anzeigetafel – auch über Nacht und am Wochenende, mitunter auch wochenlang! Nach der Volksfeststimmung und dem relativ wilden Durcheinander in der Anfangszeit sieht es inzwischen auf dem Gelände »ordentlicher« aus – aber mit dem Kälteeinbruch Mitte Oktober wurde die Lage für alle Beteiligten kritisch und die Nerven – insbesondere bei den Betroffenen und den freiwilligen Helfern – lagen blank.

Auf die verantwortlichen Landespolitiker hagelte es von allen Seiten Kritik. Nach einer jahrelangen rigorosen Sparpolitik im Land Berlin ist die Verwaltung personell so ausgedünnt worden, dass es im LAGeSo überhaupt keine Reserven für solche Notlagen gab. Außerdem wird berichtet, dass die verantwortliche Senatsverwaltung trotz aller Warnungen der vor Ort Tätigen die Entwicklungsdynamik der Fluchtbewegungen gänzlich unterschätzt hat. Nicht nur bei der Erstaufnahmestelle gibt es personale Engpässe. Auch nach der Registrierung beginnt für die Betroffenen eine Odyssee. Angefangen mit der Wohnraumversorgung, über die Sprachvermittlung bei den einschlägigen Behörden bis hin zu den Schulen und Kindertagesstätten für ihre Kinder fehlen überall die notwendigen Kapazitäten für die Neuankömmlinge. Es ist kein Wunder, wenn sich in der Bevölkerung Angst vor Verdrängung breitmacht.

Bei der für das LAGeSo zuständigen Senatsverwaltung für Gesundheit und Soziales wurde verzweifelt versucht, Mitarbeiter/innen aus anderen Verwaltungen bzw. aus dem Ruhestand zu mobilisieren, um die Engpässe bei der Erstaufnahme zu überbrücken. Abgesehen von der Tatsache, dass es auch in anderen Verwaltungen so gut wie keine Personalreserven mehr gibt, müssen diese Menschen auch fortgebildet bzw. eingearbeitet werden – und das dauert. Auch die für Berlin in den letzten Jahren undenkbare Maßnahme, Neueinstellungen durchzuführen, wurde ins Auge gefasst.

Stadt der Vielfalt

Eine beispiellose Welle der Hilfsbereitschaft in der Zivilgesellschaft

Eine erfreuliche Entwicklung im Zusammenhang mit der Flüchtlingssituation ist die beeindruckende Welle der Hilfsbereitschaft in der Zivilgesellschaft. Nicht nur in Berlin, sondern in ganz Deutschland engagierten sich Tausende von Freiwilligen aus allen Gesellschaftsschichten neben ihrer eigenen Arbeit, um die Notlage der Geflüchteten zu lindern. Die Bilder von Menschenmengen, die trotz aller Widrigkeiten und Ungewissheiten darauf warten, die Neuankömmlinge an Bahnhöfen usw. in Deutschland willkommen zu heißen, begründet Hoffnung, dass sich neben Pegida auch eine neue Welle des positiven bürgerlichen Engagements in Deutschland entwickelt – wie auch in Berlin auf dem Gelände des LAGeSo.

Angesichts des Versagens des Staates in dieser kritischen Situation ist eine humanitäre Katastrophe auf dem Gelände des LAGeSo nur durch das beherzte

Flüchtlinge warten auf ihre Registrierung vor dem Landesamt für Gesundheit und Soziales

Eingreifen von zivilgesellschaftlichen Akteuren verhindert worden. In diesem Zusammenhang ist insbesondere der Einsatz der unzähligen freiwilligen Helfer/innen der Initiative »Moabit hilft« e.V., die sich seit Sommer 2013 für die Belange der Flüchtlinge im Stadtteil eingesetzt haben, hervorzuheben. Dadurch, dass sie sich frühzeitig organisiert und sich mit der Flüchtlingsproblematik im Stadtteil auseinandergesetzt hat, konnte diese Initiative viel schneller auf die sich anbahnende Krise auf dem LAGeSo-Gelände reagieren und schneller Hilfe organisieren, als die Behörden es selbst konnten. Seit Ende Juli war »Moabit hilft« täglich vor Ort und leistete – zuerst als einziger Akteur – humanitäre Hilfe für die Wartenden. Erst ab Mitte August gab es dort einen stärkeren Einsatz von Wohlfahrtsverbänden und anderen etablierten Hilfsorganisationen.

Man würde aber denken, dass die politisch und administrativ Verantwortlichen, angesichts ihrer eigenen Ohnmacht, so ein Engagement wertschätzen und in ihre eigenen Bemühungen einbinden würden – leider weit gefehlt. Nach Angaben von Aktiven von »Moabit hilft« wurden die ehrenamtlichen Helfer/innen, die immer noch tagtäglich Organisations- und Unterstützungsleistungen beim LAGeSo übernahmen, zwar toleriert und in die Koordination einbezogen, aber nicht richtig akzeptiert und gewürdigt. Erst nach der Intervention des Bezirksamts Mitte wurden die Initiativen in der dritten Augustwoche in die sogenannte Koordinierungsrunde der beim LAGeSo helfenden Einrichtungen eingebunden.

Neben der Tatsache, dass sie selbst nicht in der Lage waren, die Situation im Griff zu bekommen, waren die Berliner Behörden auch nicht fähig, angemessen mit ehrenamtlicher Hilfe umzugehen. In den ersten Wochen, als es darum ging, dass die wartenden Menschen überhaupt etwas zu essen bekamen, wurden die ehrenamtlichen Helfer/innen angezeigt, weil sie nicht die erforderlichen Hygienestandards einhalten konnten. Da musste das Gesundheitsamt ausrücken, obgleich es zu diesem Zeitpunkt keine Alternative gab. Ähnlich sah es mit der Impfstelle auf dem LAGeSo-Gelände aus, die die ehrenamtlichen ärztlichen Helfer/innen der Kassenärztlichen Vereinigung eingerichtet haben.

Ausblick

Anfang Oktober warteten auf dem LAGeSo-Gelände Menschen bei Regen und Temperaturen um die fünf Grad weiter auf die Registrierung. Mitte Oktober wurde eine zweite Erstaufnahmestelle an der Bundesallee in Charlottenburg

Stadt der Vielfalt

geöffnet. Hier werden neu ankommende Flüchtlinge mit Armbändern ausgestattet, die ihnen bis zur Registrierung einen Platz in einer Unterkunft sowie die Möglichkeit, den ÖPNV kostenlos zu benutzen, einräumen. Außerdem bekommen sie feste Termine für die Registrierung. Die »Altfälle« bleiben jedoch in der Zuständigkeit der Aufnahmestelle in Moabit. Hier sind beheizte Zelte für die Wartezeit eingerichtet worden. Bislang hat diese neue Logistik die Situation auf dem LAGeSo Gelände nur etwas entspannt. Dort ist die Situation weiterhin unakzeptabel.

Die Akteur/innen der Berliner Politik zeigen sich keineswegs einig im Hinblick auf die Lage der geflüchteten Menschen in der Stadt. Bei der Suche nach einer Lösung für die dringlichsten Probleme bei der Erstaufnahmestelle steht Mario Czaja, der CDU-Senator für Gesundheit und Soziales, trotz aller Bemühungen politisch immer stärker unter Druck, nicht zuletzt durch das direkte Eingreifen des Regierenden Bürgermeisters in sein Ressort. Währenddessen haben die Bezirke und der Senator für Stadtentwicklung, Andreas Geisel, die gewaltige Aufgabe der kurz- und mittelfristigen Wohnraumversorgung vor Augen. Senator Geisel nimmt sogar das Wort »Behördenversagen« in den Mund, gesteht jedoch ehrlicherweise ein, »dass er nicht wisse, ob ein sozialdemokratischer Sozialsenator es anders und besser gemacht hätte« (Keilani/Zawatka-Gerlach 2015).

Ob die neueste Überlegung, das LAGeSo aufzuteilen und daraus ein eigenes Flüchtlingsamt zu bilden, Abhilfe für die gravierenden Probleme bei der Registrierung und Unterbringung von Flüchtlingen schaffen kann, wird von den betroffenen Akteuren skeptisch eingeschätzt. Der Rücktritt des ehemaligen LAGeSo-Leiters Franz Allert auf Drängen des Regierenden Bürgermeisters Michael Müller lässt die Frage offen, ob sein bisheriger Stellvertreter die Probleme in den Griff bekommen kann. Das Problem des mangelnden, überarbeiteten und z.T. überalterten Personals in der Registrierungsstelle bleibt immer noch bestehen. Und trotz der Beschlagnahme und Zweckentfremdung von etlichen Gebäuden und Hallen (u.a. die Hangars auf dem ehemaligen Flughafengelände in Tempelhof und das leerstehende International Conference Center) bleiben die Kapazitäten für die Unterbringung der geflüchteten Menschen immer noch unzureichend.

Interview mit dem Bürgermeister von Mitte – November 2015

Dr. Christian Hanke (SPD) ist Bürgermeister des Berliner Bezirks Mitte, wo bis Mitte November 2015 die einzige Erstaufnahmestelle für die in Berlin ankommenden Flüchtlinge beim LAGeSo zu finden war. Das Gespräch führte Jeffrey Butler.

Jeffrey Butler: Dr. Hanke, Sie sind der Bürgermeister des am meisten betroffenen Bezirks Mitte. Seit wann kümmern Sie sich um die geflüchteten Menschen auf dem LAGeSo-Gelände und wie sind Sie selbst beteiligt gewesen? Was war für Sie persönlich im Laufe der letzten Monate besonders frustrierend?
Christian Hanke: Wir sind als Bezirk nicht zuständig für die Versorgung und Aufnahme von Geflüchteten in der Erstaufnahmestelle, sondern es ist die Aufgabe des Landesamtes für Gesundheit und Soziales und der Senatsverwaltung. Trotzdem sehe ich das so, dass es Menschen sind, die sich in unserem Bezirk aufhalten, und deshalb gibt es eine Verantwortung des Bezirkes, sich um diese Menschen zu kümmern.

Wo ich persönlich eingebunden bin, ist die Situation am LAGeSo deutlich zu verbessern. Wir sind in vielen Arbeitsgruppen. Ich habe im Rat der Bürgermeister in vielen Krisensitzungen viele Vorschläge gemacht. Trotzdem ist es in den letzten Monaten sehr frustrierend gewesen und ich merke, dass bei allen kleinen Fortschritten, die ich erkenne, große Themen wie die gesundheitliche Erstversorgung von Geflüchteten nicht von den zuständigen Stellen verfolgt, noch nicht mal konzeptionell erarbeitet werden. Die konkrete Situation ist nach wie vor sehr problematisch. Besonders in den Nächten. Die Versorgung von besonders schutzbedürftigen Geflüchteten ist immer noch mangelhaft und wenn ich mir anschaue, dass so viele staatliche Aufgaben von der zivilen Gesellschaft übernommen worden sind, ohne dass es für die Ehrenamtlichen besser wird, dann muss man sagen, dass das Problem eine Form von Staats- oder Verwaltungsversagen ist.

Butler: Ist es so, dass die rechten Kräfte diese Situation ausnutzen, um ihre eigene Agenda voranzubringen? Nach dem Motto »Die Regierung ist der Lage nicht Herr geworden ...«?

Stadt der Vielfalt

Hanke: Es ist so, dass die Bilder, die am LAGeSo produziert werden, nicht der Hauptstadt würdig sind. Sie sind nicht würdig für eine Willkommenskultur gegenüber den Flüchtlingen. Sie beinhalten durchaus auch das Risiko für die Gesundheit der Berlinerinnen und Berliner sowie der Geflüchteten. Aber ich will auch sagen, dass es nicht der Senat als Ganzer ist, der versagt, denn andere Senatsverwaltungen wie z.b. die Bildungsverwaltung haben die Situationen sehr gut im Griff: Dass es ausreichend Willkommensklassen gibt, dass Kinder und Jugendliche schnellstmöglich beschult werden. Es gibt von der Arbeitsverwaltung Initiativen, Flüchtlinge in Ausbildung und Arbeit zu bringen, Praktika zu vermitteln, es gibt eine Aufstockung für Integrationslotsen. Der Finanzsenator stellt Geld zur Verfügung, um diese Aufgaben bewältigen zu können. Das heißt in Berlin gibt es viele Stellen, die in dieser Situation trotzdem handeln und Sachen trotz der ausgewöhnlichen Krisensituation voranbringen. Bezogen auf die Senatsverwaltung für Gesundheit und Soziales und das LAGeSo gibt es langsam Fortschritte und ich verkenne auch nicht, dass Tausende von Unterbringungsplätzen in der Not geschaffen wurden, ... aber wichtige Fragen sind nach wie vor nicht geregelt. Und die Bilder, die produziert werden, gleichen eher dem eines Entwicklungslandes als der größten deutschen Stadt mit all den eigentlichen Sekundärtugenden wie Organisationskraft und Ordnung, die den Deutschen nachgesagt werden.

Butler: Wie sah es in der Anfangszeit auf dem LAGeSo-Gelände aus? Als ich mich zum ersten Mal mit der Situation befasst habe, war die Initiative der ehrenamtlichen Helfer/innen von »Moabit hilft« sehr aktiv. Gab es dort auch andere zivilgesellschaftliche Akteure, als alles anfing, auszuufern?

Hanke: Also, »Moabit hilft« ist ja schon in der Arbeit mit Flüchtlingen seit zwei Jahren aktiv und die Struktur von »Moabit hilft« hat auch massiv geholfen, als im Juli/August diesen Jahres die Situation völlig eskaliert ist. Wichtig war, die Menschen erstmal mit den Basics, d.h. Wasser, Essen und Kleidung, zu versorgen. Es gab noch weitere Akteure, gerade in den letzten Monaten, die Hilfe organisiert haben. Da ist z.B. ein muslimischer Verein, »Freunde der Familie und der Jugend«, die ehrenamtlich Essen zubereiten und austeilen. Es sind freiwillige Ärzte vor Ort. Es sind Restaurants aus Moabit und Mitte, die Getränke ausschenken, Essen bereitstellen.

Mittlerweile gibt es viele Akteure, die dort mithelfen, auch nachhaltig. Es ist schon so, dass »Moabit hilft« die zentrale Funktion hat, auch in der hauptamtlichen Zusammenarbeit mit der Caritas, die im Auftrag der Senatsverwaltung tätig ist.

Butler: Wie viele Menschen warten weiterhin auf einen Termin, um registriert zu werden?

Hanke: Die Situation ist so, dass keine konkreten Zahlen vorliegen, nur Größenordnungen. Wir müssen davon ausgehen, dass mehrere tausend Flüchtlinge auf ihre Registrierung warten. Gleichzeitig haben wir viele Zehntausende, die auch ganz normale Leistungen bekommen, nachdem sie registriert wurden. So wachsen die Zahlen, die Warteschlangen werden länger. Und wir haben insbesondere nachts ganz chaotische Wartesituationen, wo 500-600 Leute dann auch warten, bis das LAGeSo-Gelände geöffnet wird. Das sind alles schwierige humanitäre Situationen, mit denen wir umzugehen haben. Wie gesagt, da in der Krisensituation zu spät reagiert wurde, werden wir bestimmt noch ein halbes Jahr brauchen, bis mehr Mitarbeiter/innen da sind, damit Registrierungen oder Leistungsgewährungen tagleich abgearbeitet werden können.

Butler: Wie sehen Sie mittel- oder auch langfristig die Herausforderungen für Ihren Bezirk oder auch für Berlin insgesamt? Sie brauchen auch Wohnungen oder auch Kitaplätze usw.?

Hanke: Ich sage, dass wir uns in Phase 1 befinden. Phase 1 heißt: Wir müssen die Flüchtlinge unterbringen, über den Winter bringen. Da muss ich auch sagen, dass die Mitarbeiter/innen des LAGeSo Außerordentliches geleistet haben. Wir haben innerhalb kürzester Zeit Tausende bzw. Zehntausende von Übernachtungsmöglichkeiten geschaffen, das ist auch in Ordnung, eine große organisatorische Leistung.
    Aber so wichtig die erste Phase, die Akut-Phase, war: Phase 2 heißt Integration im Sinne der Herstellung von gleichberechtigter Teilhabe auch für Geflüchtete; und das bedeutet erstens: wir machen Politik für alle. Das heißt wir machen nicht nur Politik für Geflüchtete, wir dürfen nicht die Obdachlosen, Hartz IV-Empfänger oder die unteren Mittelschichten,

Stadt der Vielfalt

die es auch sehr schwer haben, vergessen, sondern wir machen Stadtpolitik für alle Menschen und insbesondere für die, die mehr Unterstützung brauchen. Das ist heute auch auf die Geflüchteten bezogen, Sprachkurse, Ausbildung, Studium, Anerkennung von Abschlüssen, weil wir sie so schnell wie möglich in den 1. Arbeitsmarkt integrieren wollen. Das bedeutet Wohnungsbau, denn mit den geflüchteten Menschen neben denen, die schon in der Stadt sind, wandern ja pro Jahr 45.000 zusätzliche Bewohnerinnen und Bewohner nach Berlin zu, die aus ganz Europa kommen, weil sie an unsere Stadt bzw. an die Zukunft unserer Stadt glauben.

Das bedeutet z.Z., dass wir rund 100.000 Menschen zusätzlich in diesem Jahr, wahrscheinlich auch im nächsten Jahr haben, die wir auch in Wohnungen unterbringen müssen. Zu Wohnungen gehören Kitas, Schulen, Ärztehäuser, gehört der Ausbau des Nahverkehrssystems. Wir nähern uns aus meiner Sicht bezogen auf die Einwohnerzahlen dem 14. Berliner Bezirk mit all den damit zusammenhängenden Herausforderungen. Wir sind praktisch bei allen Themen bei sozialer Stadtentwicklung gefordert und deshalb glaube ich, dass es notwendig ist, dass wir hier in Berlin eine ständige Konferenz, nennen wir es die Berliner Zukunftskonferenz, als Arbeitsgremium einberufen, damit wir zu einem integrierten sozialen Stadtentwicklungskonzept kommen und das Thema »Wachsende Stadt Berlin« diskutieren und konzeptionieren. Dazu gehören die Flüchtlinge, die Zuwanderer/innen, aber dazu gehört auch das Soziale, da wir eine Stadt des sozialen Friedens und der sozialen Mischung sein wollen.

Butler: Ich denke, es bringt auch Chancen für Berlin!

Hanke: Absolut. Es wird Herausforderungen des Wohnens und Konflikte geben, es wird auch natürlich den Kampf um Ressourcen geben. Deswegen ist die Politik gefordert, diesen Kampf nicht zuzulassen, ihn auch zu entschärfen durch Wohnungsbau, durch mehr Arbeitsplätze, die Rahmenbedingungen dafür zu schaffen. Und wichtig ist, dass wir keine Bevölkerungsgruppen gegeneinander ausspielen, sondern eine Politik machen, die alle mitzieht und niemanden zurücklässt. Da sind die Chancen für Berlin groß, denn dass die Stadt wächst, war 15 Jahre nicht der Fall. Jetzt wachsen wir seit 2007 langsam und nun immer schneller.

Die Leute, die in unsere Stadt kommen, kommen nicht, weil sie sich in die Hängematte legen wollen, sondern weil sie an die Zukunft, auch an die Wirtschaftskraft dieser Stadt glauben und sich hier ein gutes Leben aufbauen wollen. Dieser Elan nützt ganz Berlin.

Butler: Ich danke Ihnen für das Gespräch.

Wohnen in Berlin

Nachmittags am Kotti

Wohnungspolitik im Zentrum der Kritik

Die Wohnungspolitik steht in Berlin schon lange im Zentrum der Kritik. Inzwischen wird es immer schwieriger, eine Wohnung zu finden, die bei einem niedrigen Einkommen noch bezahlbar ist. Ein ganzes Jahr Wohnungssuche ist keine Seltenheit, so spürbar ist die Wohnungsnot. Die für Berlin ausgewiesenen 1,9 Millionen Wohnungen (Statistisches Jahrbuch Berlin 2015) reichen für die rapide steigende Bevölkerungszahl nicht aus. 85% der Menschen in Berlin sind auf eine Mietwohnung angewiesen. Berlin mit seinem leichten Überhang von Frauen, nämlich 51,1% weibliche und 48,9% männliche Bevölkerung, kann sich als Mieterinnenstadt bezeichnen lassen. Wie Frauen und Männer heute leben, hat Einfluss auf das Wohnen. Die Formen des Zusammenlebens haben sich in den letzten Jahrzehnten drastisch geändert und die Wohnbedürfnisse haben sich ausdifferenziert. Bemerkenswert ist die große Zahl der alleinerziehenden Mütter, der Single-Haushalte und derjenigen, die sich aufgrund ihrer sehr niedrigen und durch prekäre Arbeit instabilen Einkommen keine hohe Miete leisten können. Kein Wunder, dass es vielfachen Protest gegen steigende Mieten gibt: »Die Miete ist zu hoch« steht in deutsch und türkisch auf dem Transparent der Mieterinitiative, die am Kottbusser Tor mitten zwischen den riesigen Sozialbauten eine Holzhütte als Treffpunkt gebaut hat. Gefordert wird eine sehr weitgehende Mietbegrenzung auf 4 Euro pro m², so steht es auf einem Schild. Das klingt utopisch. Doch was unter einer zu hohen Miete verstanden werden kann, ist relativ je nach dem Verhältnis von Einkommen zur Miethöhe. Hinter dem Slogan und der Forderung steht auch ein Einkommensproblem, denn für viele Menschen wird ihr niedriges Einkommen durch die Miete und die Nebenkosten zu einem großen Teil aufgefressen. Außerdem wirken sich die restriktiven Regelungen der Agentur für Arbeit zur Übernahme der Kosten der Unterkunft negativ aus. Große Teile der Innenstadt sind zu Hartz-IV-freien Zonen geworden.

Eine aktuelle Befragung zu den wichtigen Lebensfragen in Ost und West ergab, dass heute preiswertes Wohnen auf Platz eins der Wünsche steht. Laut Berliner Zeitung vom 19.2.2015 wünschten sich das im Osten 80% der Befragten, im Westen 70%. Dahinter steht: Die Mietsteigerungen fallen durch die negative Lohnentwicklung des vergangenen Jahrzehnts und den Abbau der Sozialleistungen noch mehr ins Gewicht. Und sie können beim Bezug von Hartz IV zur Folge haben, dass sie von den Jobcentern nicht übernommen werden, weil die Bemessungsgrenzen für die Kosten der Unterkunft überschritten werden.

Wohnen in Berlin

Abbildung 1: Wohnungen in Berlin nach Eigentümerstruktur

- eigengenutzte Wohnungen[1]
- Mietwohnungen Genossenschaften
- Mietwohnungen städtischer Wohnungsbaugesellschaften
- Mietwohnungen börsengelisteter Wohnungsbaugesellschaften
- Mietwohnungen privater und sonstiger institutioneller Eigentümer

[1] Beinhaltet Eigentumswohnungen, Einfamilienhäuser, Reihenhäuser, Doppelhaushälften, Betriebswohnungen; Quelle: CBRE/Berlin Hyp (2015): Wohnmarktreport Berlin 2015, S. 6.

Welchen Hintergrund hat der aktuelle Mangel an bezahlbaren Wohnungen? Unvergessen ist, dass ausgerechnet durch die einstige rot-rote Regierung öffentliches Wohneigentum verkauft wurde. Ein Kardinalfehler! Das wird inzwischen selbstkritisch zugegeben und durch die damals sehr drückende Schuldenlast des Landes Berlin begründet. Die Folgen sind fatal: Der Anteil der öffentlichen Wohnungsbaugesellschaften bei den Mietwohnungen ist von 19,9% im Jahr 2002 auf 14,4% im Jahr 2012 gesunken (siehe Abbildung 1), ein Rückschritt für die Steuerungsmöglichkeiten für soziale Wohnpolitik.

Verblieben sind noch rund 285.000 Wohnungen im öffentlichen Wohnungsbau, von denen etwas weniger als die Hälfte als Sozialwohnungen (für Mieter mit Wohnberechtigungsschein) genutzt werden. Eine Berliner Eigenheit ist, dass ein Teil der Sozialwohnungen zwar öffentlich gefördert wird, sich jedoch in privatem Eigentum befindet, verbunden mit einer Befristung der sozialen Auflagen. Der Anteil der Sozialwohnungen könnte sich weiter verringern: »Von den heute noch vorhandenen knapp 140.000 Sozialwohnungen werden bis 2024 rund 35% ihren Status verlieren. Die Mieter der rund 28.000 Sozialwohnungen ohne Anschlussförderung leben ohnehin unter dem Damoklesschwert, binnen kürzester Zeit wegen der Mieterhöhungsmöglichkeiten bis zur Kostenmiete (12-18 €/m² nettokalt monatlich) ihre Wohnung verlassen zu müssen.« (Berliner Sozialgipfel 2015)

Bemerkenswert ist der konstante Anteil von 10,1% an Genossenschaftswohnungen, also über 180.000 Wohnungen. Den höchsten Anteil am Berliner Wohnbestand haben die Mietwohnungen in privatem und sonstigem institutionellen Eigentum, rückläufig von 57,6% im Jahr 2002 auf 52,6% im

Jahr 2012. Börsengelistete Wohnungsbaugesellschaften haben einen Anteil von 7,8%. Das gilt für das Jahr 2012, in 2002 tauchen sie in der Statistik des Wohnmarktreports 2015 noch nicht auf. Warum nicht? Offensichtlich ist in diesem Zeitraum die Spekulation mit Immobilien vorangeschritten.

Der Protest gegen die Wohnungspolitik hat in Berlin Tradition. Erinnert sei an die Zeit der Hausbesetzungen und der damit verbundenen großen Polizeieinsätze in den 1980er bis hinein in die 1990er Jahre. Der Protest formierte sich aufs Neue, als nach der Ablösung der Berliner Koalitionsregierung von CDU und SPD durch die Koalition aus SPD und PDS im Jahr 2001 vergeblich eine sozial verträglichere Wohnungspolitik erwartet wurde. Aufgrund des Schuldendruckes wurde entschieden, öffentliches Wohneigentum zu verkaufen sowie einen harten Sparkurs zu verfolgen: »Sparen bis es quietscht« (Wowereit). Die Maßnahmen waren:

- Privatisierung von fast 140.000 landeseigenen Wohnungen, u.a. rund 70.000 Wohnungen der GSW (Diese wurden mittlerweile börsennotiert an die Deutsche Wohnen weitergegeben);
- Liberalisierung des Baurechtes, indem die Abrisse »unwirtschaftlicher Gebäude« erleichtert und die Eingriffsmöglichkeiten der Bauämter in Bau- und Modernisierungsmaßnahmen eingeschränkt wurden;
- Verzicht auf Fördermittel für den sozialen Wohnungsbau sowie Ausstieg aus der Anschlussförderung;
- das »Wohnraumgesetz Berlin« (WoG Bln) ermöglichte den Eigentümer/innen einen beschleunigten Ausstieg aus den bestehenden Förderverträgen.

Heute würden sich »ausgerechnet in den wohnungspolitischen Restbeständen des Wohlfahrtsstaates existenzielle Wohnungsfragen stellen«, kritisiert der Stadtsoziologe Holm in dem Buch »Reclaim Berlin. Soziale Kämpfe in der neoliberalen Stadt«. Er erinnert daran, dass sowohl der soziale Wohnungsbau als auch die öffentlichen Wohnungsunternehmen einmal als Rückgrat einer sozial orientierten Wohnungsversorgung galten. Dazu gehörten Belegungs- und Mietpreisbindungen. Nun würde sich zeigen, dass die öffentliche Förderung nur der »sozialen Zwischennutzung« gedient habe. Nach Ablauf der Förderverträge habe es grünes Licht für die Anhebung der Mieten gegeben. Dieser Vorgang zeigt, welche Folgen die Befristung von Förderverträgen und daraus abgeleiteten Mietpreisbindungen hat. Der Effekt, dass dadurch zurzeit jährlich mehr Sozialwohnungen verloren gehen als neue zur Verfügung gestellt werden, sei für eine soziale Wohnungspolitik kontraproduktiv.

Der Mangel an bezahlbaren Wohnungen führte dazu, dass im Frühjahr 2015 ein Mieten-Volksbegehren gestartet wurde. Als ein Ziel wurden damals

Wohnen in Berlin

mindestens 100.000 zusätzliche bezahlbare Wohnungen gefordert. Dieser Bedarf hat sich inzwischen durch die 80.000 in Berlin angekommenen Flüchtling erhöht. Jedenfalls bewirkte schon die erste erfolgreiche Unterschriftensammlung, dass die SPD-Fraktion einschließlich des Senators für Stadtentwicklung und Umwelt, Andreas Geisel, mit der Initiative für einen Volksentscheid über einen Kompromiss verhandelte, der in ein Gesetzgebungsverfahren mündete. Resultat ist das im November 2015 beschlossene »Gesetz zur Neuausrichtung der sozialen Wohnraumversorgung in Berlin«. Ein Beispiel dafür, wie wichtig der Widerstand gegen eine unsoziale Wohnungspolitik ist. Als Druck auf die Politik ist auch die Intervention der Sozialverbände zusammen mit dem DGB und einigen Einzelgewerkschaften zu verstehen. Sie veranstalteten im Oktober 2015 einen »Berliner Sozialgipfel« zum Thema Wohnungsversorgung und verabschiedeten ein Positionspapier »Mehr Mieterschutz statt mehr Miete«. Darin ist enthalten: Der Bestand an städtischen Wohnungen soll von den gegenwärtigen 285.000 bis 2020 auf 400.000 steigen und ein Mehr an sozialer Wohnraumversorgung erreicht werden, also ein höherer Anteil von Wohnungen, die an einen Wohnberechtigungsschein gebunden sind. Folgende zehn Maßnahmen werden aufgeführt:

Berliner Sozialgipfel von 2015
»Mehr Mieterschutz statt mehr Miete«

1. Begrenzung der Mieterhöhungen im freifinanzierten Wohnungsbau auf 15% in fünf Jahren.
2. Mietspiegel als alleiniges Beweismittel für die Ermittlung der ortsüblichen Vergleichsmiete.
3. Verschärfung des Wirtschaftsstrafgesetzes, um Mietpreiserhöhungen zu verhindern.
4. Mehr Milieuschutzgebiete, um Verdrängung durch Luxusmodernisierung zu verhindern.
5. Absicherung der Wohnkostenübernahme bei Beziehern von ALG II oder Grundsicherung.
6. Mehr altersgerechte und barrierearme bzw. barrierefreie Wohnungen.
7. Sozialer Wohnungsbau muss wieder sozial werden. Neubau von jährlich mindestens 3.000 preisgünstigen Wohnungen, d.h. nicht mehr als im Schnitt 5,50 €/m² Nettokaltmiete.

8. Ausbau des städtischen Wohnungsbestands und Verpflichtung der städtischen Wohnungsunternehmen auf eine soziale Wohnraumversorgung.
9. Mehr menschenwürdige Wohnungen für Flüchtlinge.
10. Stärkung der Verwaltung durch mehr Personal und Qualifizierungen, auch um Zweckentfremdungen zu verhindern.

Wohnungsnotstände

Der längst überholungsbedürftige Stadtentwicklungsplan beruhte auf einer Bevölkerungsprognose, die weit unter der tatsächlichen Entwicklung lag. Laut Tagesspiegel vom 25.9.2014 warnte der Berliner Mieterverein vor wachsender Wohnungsnot. Im Jahr 2013 seien nur 6.100 Wohnungen entstanden, viel zu wenig in Anbetracht der 40.000 Neu-Berliner/innen. Laut Berliner Mieterverein würden mehr als 40% der neu entstandenen Wohnungen als Eigentum an Haushalte mit gutem Einkommen verkauft, während sich die Berliner/innen mit mittlerem oder geringem Einkommen die neu errichteten Mietwohnungen nicht leisten könnten. Es werde also am Bedarf vorbei gebaut. Wohnungsverlust oder -aufgabe wegen zu hoher, unbezahlbarer Mieten ist Realität für viele Menschen in Berlin. Mietrückstände haben Folgen: irgendwann die Kündigung und eventuell Zwangsräumung.»Mietrückstände werden von den EigentümerInnen in nachgefragten Lagen für Kündigungen und Zwangsräumungsverfahren genutzt. Allein im Jahr 2011 wurden 6.777 Räumungsklagen wegen Mietschulden von den Berliner Gerichten an die Bezirke gemeldet. (....) Mitarbeiter/innen der Bezirksämter berichten, dass mögliche Mietschuldübernahmen durch die Sozialämter immer öfter von den EigentümerInnen abgelehnt werden – vielen geht es nicht um die ausstehenden Kosten, sondern um die Aussicht auf hohe Neuvermietungsmieten.« (Holm 2014: 11)

Die Forderung nach menschenwürdigem Wohnen hat sich keinesfalls erledigt. Insbesondere für die Menschen, die in Not geraten sind, obdachlose und asylsuchende Menschen. Die Zahl der Obdachlosen wird in Berlin laut Tagesspiegel vom 31.3.2015 auf etwa 13.000 geschätzt. Davon würden vermutlich zwischen 600 und 1.000 Personen auf der Straße leben. Die anderen finden Unterkunft in Einrichtungen der Wohlfahrtsverbände. Im Winter sorgt die Berliner Kältehilfe für Unterkunft, dafür standen in der Kältehilfesaison November 2014 bis Anfang März 2015 15 Notübernachtungen und 14 Nachtcafés zur Verfügung. Im Vergleich zum Vorjahr stieg hier die Zahl der Übernachtungen um rund 9.000 auf 82.000. Davon kamen 69% aus dem Ausland, 13% waren Nicht-EU-Bürger/innen. Hintergrund ist die steigende Zahl der Flüchtlinge, die nach Berlin kommen. Der Notfall, dass Menschen bei der Aufnahmestelle für Asylsuchende vor verschlossenen Türen stehen und bei der Kältehilfe eine Unterkunft suchen, gilt erst recht für den Winter 2015/2016. Die häufig ehrenamtlichen Mitarbeiter/innen der Kältehilfe haben sich schon im Winter 2014/2015 völlig überfordert gefühlt. Sie wollen nicht zum »Ausfallbürgen« für andere Einrichtungen werden und sie sind zunehmend mit verwahrlosten, psychisch und physisch erkrankten Menschen konfrontiert, die eigentlich Pflegefälle sind. Für diese wird ein besonderes medizinisches und pflegerisches Angebot gefordert. Gebraucht würden »professionell betreute Krankenstationen oder eine Art Pflegehospiz«. (Tagesspiegel 31.3.2015)

Wie werden in Berlin die Menschen untergebracht, die vor Krieg, Verfolgung und Armut geflohen sind, Menschen, die oft eine traumatisierende Odyssee hinter sich haben? Sie sind auf schnelle Hilfe und Unterbringung angewiesen. Damit sind so manche Konflikte verbunden, wie die lang andauernde Auseinandersetzung um das Zeltlager auf dem Oranienplatz, das schließlich nach heftiger Gegenwehr geräumt wurde. Ein Drama besonders für die Flüchtlinge, deren Asylbegehren nicht anerkannt wurde, und die dann nicht die Chance hatten, eine andere legale Unterkunft zu finden (dokumentiert durch einen im November 2015 erstmals in der Akademie der Künste gezeigten Film). Im Jahr 2015 hat die unerwartet hohe Zahl von in Berlin Schutz suchenden Menschen – nämlich ca. 80.000 – zu vorläufigen Notlösungen geführt, wie die Unterbringung in Sporthallen und Messeräumen. Das sind Provisorien, denen durch ein Mehr an Wohnungen abgeholfen werden muss.

Berliner Mietniveau

Einerseits wird berechtigterweise über zu hohe Mieten geklagt, andererseits hat Berlins Attraktivität als Wohnort für junge Leute und für die Szene der Kreativen auch damit zu tun, dass das Mietniveau immer noch niedriger ist als in anderen Städten. Noch gibt es in Berlin preiswerteren Wohnraum und Raum für gewerbliche oder künstlerische Zwecke als in anderen deutschen Großstädten. Wie lange noch?

Abbildung 2: Berlin: Geringe Kaufkraft – niedrigere Angebotsmieten

Stadt	Einwohner[1] 2013	Kaufkraftkennziffer 2014, Deutschland = 100	Leerstandsquote[2] 2013, in %	Angebotsmiete[3] 2014, in €/m²/Monat	durchschnittliche Fläche der Angebote 2014 in m²	Baufertigstellungen[4] 2013, je 1.000 Einwohner
Berlin	3.421.829	93,8	1,8	8,55	70,6	0,8
Düsseldorf	598.686	118,7	1,6	9,23	74,5	1,7
Frankfurt a.M.	701.350	114,8	0,7	12,00	75,7	3,5
Hamburg	1.746.342	112,9	0,7	10,43	70,1	2,5
Köln	1.034.175	107,7	1,2	9,77	69,4	2,1
München	1.407.836	133,6	0,4	14,17	71,1	4,2
Stuttgart	604.297	115,2	1,2	10,71	72,5	1,6

Quelle: CBRE/Berlin Hyp (2015): Wohnmarktreport Berlin 2015, S. 3.

Woran liegt das? Im Wohnmarktreport Berlin 2015, den die Immobilien- und Pfandbriefbank Berlin Hyp sowie das Maklerhaus CBRE am 28.1.2015 präsentierte, wird sogar im Vergleich mit anderen Top-Großstädten von einem »entspannten Wohnmarkt« in Berlin gesprochen, auch wenn die Mieten steigen würden. Wohnungsnot und gleichzeitig »entspannter Wohnungsmarkt« sind widersprüchlich. »Entspannt« kann lediglich für zahlungskräftige Wohungssuchende gelten. Ganz und gar nicht gilt es für die vielen Menschen mit niedrigen Einkommen, wenn auch der Vergleich mit Düsseldorf, Frankfurt a.M., Hamburg, Köln, München und Stuttgart ergibt, dass in Berlin die Angebotsmiete pro m² am niedrigsten ist, nämlich im Jahr 2015 8,55 Euro im Durchschnitt. Berlin hat aber auch mit 93,8% eine deutlich niedrigere Kaufkraft im Vergleich zu den anderen Großstädten. Auffallend ist weiterhin, dass der Leerstand an Wohnraum mit einer Quote von 1,8% höher angegeben ist als in den sechs verglichenen Großstädten. Das sind immerhin rund 16.000 Wohnungen. Dieser Spielraum kann für die Unterbringung wohnungssuchender Menschen genutzt werden, denn es gibt beim Leerstehen von Wohnungen und gleichzeitiger Wohnungsnot staatliche Eingriffsmöglichkeiten.

Zum Mietniveau wird in dem Wohnmarktreport Berlin 2015, der mit kritischem Blick gelesen werden muss, bemerkt: »Sein niedriges Mietniveau verdankt Berlin aber nicht nur den wirtschaftlichen Faktoren, sondern auch dem politischen, sozialen und baulichen Erbe der Vergangenheit. Es besteht zu einem beträchtlichen Teil aus Plattenbauten im Osten sowie (einstigen) Sozialbauten im Westen der Stadt, die meist gleichermaßen sparsam an Architektur, Atmosphäre und Raumqualität sind. Viele Altbauquartiere bieten zwar eine urbane Atmosphäre, aber oft auch dunkle Wohnungen mit mäßigem Komfort und unpraktischen Grundrissen. Bis 1990 gab es im Osten der Stadt faktisch keinen und im Westen nur wenig frei finanzierten

Wohnen in Berlin

Abbildung 3: Aktuelle Mietentwicklung nach Stadtteilen

Aktuelle Mietentwicklung
Mietpreisspanne Neuvermietungsangebote, 2014

Stadtbezirk	Anzahl Mietan-gebote	Mittleres Marktsegment Mietspanne in €/m²/Monat 4 6 8 10 12 14 16	Unteres Marktsegment Median in €/m²/Monat	Änd. zu 2013 in %	Oberes Marktsegment Median in €/m²/Monat	Änd. zu 2013 in %	Alle Marktsegmente Median in €/m²/Monat	Änd. zu 2013 in %
Charlottenb.Wlm.	7.479	7,26-14,00	6,63	5,1	15,36	2,4	9,82	3,9
Friedrichsh.-Kreuzb.	6.884	7,44-15,60	6,48	3,7	17,39	4,3	10,39	3,9
Lichtenberg	2.756	5,99-10,32	5,50	8,7	11,56	-0,3	7,98	12,2
Marzahn-Hellersd.	3.144	4,99-8,20	4,75	8,9	8,80	7,0	5,96	9,1
Mitte	9.446	6,48-15,00	5,86	6,4	16,52	1,0	10,00	10,0
Neukölln	4.644	6,03-13,73	5,53	4,7	15,91	6,1	8,50	9,7
Pankow	8.483	6,51-13,48	5,90	0	15,16	1,1	9,03	3,2
Reinickendorf	3.485	5,75-9,47	5,31	6,2	10,50	6,0	7,08	7,2
Spandau	3.472	5,28-8,78	4,87	6,6	9,76	9,8	6,75	7,3
Steglitz-Zehlendorf	4.900	6,69-11,91	6,11	2,7	13,00	4,0	8,58	2,0
Tempelh.-Schöneb.	5.064	6,43-12,78	5,87	5,6	14,49	3,5	8,47	5,9
Treptow-Köpenick	4.413	6,00-10,00	5,50	3,8	11,11	0,4	7,40	5,7
Berlin gesamt	64.170	6,00-13,48	5,50	8,5	15,05	2,6	8,55	6,6

Quelle:Quelle: CBRE/Berlin Hyp (2015): Wohnmarktreport Berlin 2015, S. 8

Geschosswohnungsbau. Erst danach hat Berlin durch Neubauten und Sanierungen auch qualitativ aufgeholt, was höhere Preise und Mieten rechtfertigt.« (CBRE/Berlin Hyp 2015: 3).

Preiswerte Wohnungen sind vor allem am Stadtrand zu erhalten, so in den Hochhaus-Quartieren in Marzahn und Hellersdorf mit den laut Statistik niedrigsten Angebotsmieten, die bisher bei 4,99 Euro/m² anfangen und im Schnitt noch bei 5,96 Euro/m² liegen. Wenn aktuell gerade die Mieten in diesen Wohnlagen steigen, geraten die rund 400.000 Berliner Haushalte mit Einkommen unterhalb der Armtsgrenze unter Druck.

Die Neuvermietungsangebote 2014 in den einzelnen Berliner Stadtteilen werden in Abbildung 3 wiedergegeben.

Die Gefahr darf nicht unterschätzt werden, dass Berlin sich allmählich dem Mietniveau der anderen deutschen Großstädte annähert. Höhere Preise und Mieten, eine möglichst gute Rendite des eingesetzten Kapitals, darum geht es den privaten Wohnungsbaugesellschaften und den Banken. Nur rechtzeitiges Handeln kann verhindern, dass Berlin das nachholt, was andere Metropolen, wie das sündhaft teure Paris, schon hinter sich haben. Schon heute ist es so: Wer die Mieten in den begehrten innerstädtischen Wohnlagen nicht bezahlen kann, der muss eben dahin ziehen, wo Wohnen weniger attraktiv ist.

Verdrängungsprozesse und räumliche Segregation

Fakt ist, dass die einkommensschwachen Teile der Bevölkerung zunehmend aus den begehrten Wohnlagen auch in einem traditionellen Kiez wie Kreuzberg verdrängt werden. Es ist schick geworden, am Kreuzberger Chamisso-Platz oder in der Bergmannstraße zu wohnen. Die großzügigen Altbauwohnungen in Berlin-Mitte, Charlottenburg, Wilmersdorf, Schöneberg, im vorderen Kreuzberg im Bergmannkiez oder gar in Dahlem und Zehlendorf sind bei Neubezug selbst für Leute mit durchschnittlichem Einkommen kaum noch bezahlbar. Es sei denn, man wohnt dort schon seit Jahrzehnten oder hat in früheren Zeiten Wohnungseigentum erworben. Nach einer Luxussanierung gingen bisher die Mieten drastisch hoch. Es muss noch nicht einmal Luxussanierung sein, wenn zum Beispiel nach einer energetischen Modernisierung steigende Mieten dazu führen, dass Einkommensschwache durch Einkommensstarke verdrängt werden, ein Kennzeichen für die sogenannte Gentrifizierung. Dieser Prozess verändert allmählich die traditionellen Kieze in Kreuzberg und Neukölln und die angesagten Wohngegenden im Osten wie Prenzlauer Berg. Hier gab es viele zu DDR-Zeiten vernachlässigte Altbauten und nach 1989 noch viele Jahre preiswerte Wohnungen. Das war einmal. Inzwischen hat hier wegen der hohen Mieten in den sanierten Altbauten und erst recht in den schicken Neubauten eine drastische Entmischung stattgefunden. Der Preisanstieg betrifft nicht nur Wohnungen, sondern auch kleine Gewerbetreibende, die auf niedrige Mieten angewiesen sind, wenn sie ihren Laden oder ihre Handwerksräume halten wollen. Und die Ansprüche der neuen wohlhabenden Bewohner/innen verändern allmählich den Stadtteil, mehr und mehr breiten sich exklusive Läden und Restaurants aus.

Für Berlin ist die soziale Vielfalt, die bunten aufregenden Kieze mit ihrer internationalen Mischung an Bewohnern nach wie vor ein Aushängeschild. Eine Kultur der sozialen Vielfalt hat jedoch nicht nur mit den sichtbaren Straßenbildern zu tun. Darauf weist die Schulleiterin der Kreuzberger Lina-Morgenstern-Gemeinschaftsschule in ihrem Artikel in der Berliner Lehrerinnenzeitung hin: »Ein Stadtteil entlässt seine Kinder« (Bartsch 2014). Damit meint sie nicht die armen Kinder und Eltern, sondern mit dieser Formulierung zielt sie auf die wohlhabenden Familien im angesagten Bergmannkiez, die für ihre Kinder Privatschulen oder Schulen in anderen Stadtteilen vorziehen. Resultat ist: Die armen Kinder bleiben unter sich, weil sie ja die Leistungen der anderen beeinträchtigen könnten, während viele Kinder aus wohlhabenden Elternhäusern tagtäglich ihr Wohnviertel verlassen, um woanders zur Schule

Wohnen in Berlin 61

zu gehen. So wird eine für Kinder erlebbare, wichtige soziale Vielfalt letztendlich eingeschränkt, auch wenn die äußere Fassade für Multikulti steht.

Die soziale Landkarte Berlins zeigt, dass sich in bestimmten Stadtteilen Armut konzentriert. Einkommensschwach sind besonders die Wohnbezirke, wo Migrant/innen ohne deutschen Pass und Menschen mit Migrationshintergrund leben. Das sind vor allem die Innenstadtbezirke, die früher durch die Mauer begrenzt wurden. Allerdings liegt Berlin noch hinter Frankfurt a.M., Hamburg und München, wo die Anteile der Menschen mit Migrationshintergrund im Jahr 2015 höher sind.

Armutsmilieus und Gegenstrategien

Folgendes Beispiel betrifft eine traditionsreiche Straße, die Brunnenstraße, die übrigens im Roman »Berlin Alexanderplatz« eine Rolle spielt. Sie beginnt am Rosenthaler Platz, also in Berlin Alt-Mitte, und verläuft bis in den Wedding hinein. Der angesagte Teil der Brunnenstraße, der Szenekiez, befindet sich in der Gegend um den Rosenthaler Platz. Dagegen ist der Abschnitt zwischen Bernauer Straße und S-Bahnhof-Gesundbrunnen der vergessene und verarmte Teil, für den die folgende bereits zitierte Formulierung aus dem Wohnmarktreport Berlin 2015 gilt: »Sparsam an Architektur, Atmosphäre und Raumqualität«. Sparsam hat hier einen euphemistisch-zynischen Klang, sparsam statt verschwenderisch für die Wohnungen der Einkommensschwachen.

Die Brunnenstraße wurde in einem Artikel im Tagesspiegel vom 20.2.2015 folgendermaßen beschrieben: »Sozialbauten aus den 70er und 80er Jahren säumen die vierspurige Fahrbahn. In jener Zeit lag das Brunnenviertel isoliert im Mauerwinkel. Es galt als das größte Flächensanierungsgebiet Europas. Ganze Straßenzüge wurden abgerissen, eine Schlafstadt mit nur wenigen Geschäften entstand. 1982 schloss der Elektrokonzern AEG die letzte seiner vier Fabriken hier, für dessen Arbeiter das Viertel Ende des 19. Jahrhunderts errichtet worden war. Danach verarmte die Gegend.« Festgestellt wird weiter, dass dieser Stadtteil neben Marzahn und Nord-Neukölln zu den ärmsten Berlins gehört. Das Viertel wird als infrastrukturell verödet geschildert. Neben Spätis, Friseursalons, Spielhallen, Backstuben und Apotheken gäbe es nur noch ein Café als Ort des Treffens. Das soziale Leben spiele sich außerhalb des Kiezes ab. Seit zehn Jahren setze sich das Quartiermanagement Brunnenstraße-Ackerstraße dafür ein, Abhilfe zu schaffen. Der nachbarliche Austausch solle gestärkt werden, dafür seien Projekte ins Leben gerufen worden. Bildung gelte als Schlüssel, die soziale Benachteiligung der Kinder und Jugendlichen, die hier aufwachsen, abzumindern. So gebe es einen Kitaverbund mit einer gemeinsamen Sprachförderung, Kiezmütter, ein Familienzentrum, verstärkte Berufsorientierung in den Schulen. Ein Anrennen gegen die Benachteiligung der Kinder und Jugendlichen, die hier aufwachsen. Mühsam, mit vereinzelten Erfolgen, bilanziert ein Mitarbeiter vom Quatiersmanagement in dem Tagesspiegel-Artikel.

Die Tristesse, die für diesen sozialen Wohnungsbau und seine Umgebung geschildert wird, gilt nicht für alle Berliner Sozialbauten, von denen inzwischen ein beachtlicher Teil an private Betreiber verkauft wurde. Also Vorsicht bei der Bewertung von Wohnquartieren im Westen oder Osten. Für die Lebensqualität ist die Infrastruktur in den jeweiligen Vierteln mit entscheidend. So befinden sich die riesigen Wohnblöcke am Kottbusser Tor mitten in einem sehr lebendigen Viertel, in dem viele Kneipen und Clubs zu finden sind sowie viele türkische Geschäfte und Restaurants, Kinos, ein Theater, ein Stadtteilmuseum, eine öffentliche Bibliothek, eine Volkshochschule und anderes mehr. Man vergnügt sich in den Straßencafés und Kneipen bis spät in die Nacht, nicht unbedingt zur Freude der Anwohner/innen. Eine internationale Szene und ein Magnet für Touristen, besonders für die jungen, die auf der Suche nach einem Berlin sind, das anders tickt. Auch wenn das Wohnen im SO 36 (Bezeichnung der Sanierungsgegend um den Kotti herum und ehemalige Besetzerszene) ganz attraktiv ist, lassen sich am Kottbusser Tor die Bausünden der Vergangenheit besichtigen. Die Altbauten wurden in den 1970er und 1980er Jahren großflächig abgerissen und durch riesige Betonburgen ersetzt. Gleichwohl hat sich hier ein buntes Leben entfaltet, mit all seinen Licht- und Schattenseiten. So ist die Drogenszene am Kotti ein Stein des Anstoßes für die hier Wohnenden. Der Kotti ist allerdings auch ein Ort, wo man sich trifft, wo die Mieterinitiative ein Holzhaus errichtet hat (Gecekondu) und wo in Zusammenarbeit mit dem Quartiersmanagement Austausch stattfindet.

Aufschlussreich ist das unter dem Stichwort »Quartiersmanagement Kreuzberg« im Internet nachlesbare Handlungskonzept 2015 bis 2017. Zu erfahren ist, dass in diesem Quartier der Anteil der Menschen mit Migrationshintergrund 70,95% beträgt und 42,70% von Hartz IV leben. Offensichtlich wird einiges für ein gutes Zusammenleben und Sich-Im-Quartier-Wohlfühlen getan: Quartiersräte werden gewählt, nachbarliche Kommunikation gefördert, Bildungsförderung betrieben, wie kostenloser Nachhilfeunterricht. Es wird gegen die Verwahrlosung von Grünanlagen eingeschritten, mit positiven

Wohnen in Berlin

Auswirkungen für das Zusammenleben im Kiez, wie aus folgendem Zitat hervorgeht:

>»Eine positive Entwicklung ist die zunehmende Bereitschaft der Bewohner/innen, sich – über die Grenzen ihrer Communitys hinweg – gemeinsam zu engagieren und Aktionen zu organisieren. So hat beispielsweise die Protest-Mietergemeinschaft ›Kotti & Co‹ seit der Gründung ihrer Initiative 2011 immer mehr nachbarschaftliche Unterstützungsaufgaben übernommen. Viele Bewohner/innen frequentieren die Anlaufstelle im Quartier (›Gecekondu‹), nehmen Hilfsangebote an und unterstützen die Initiative durch ehrenamtliches Engagement.« (Quartiersmanagement Zentrum Kreuzberg/Oranienstraße 2015: 4)

Gestartet wurde die Einrichtung von Quartiersmanagementbüros im Rahmen des Programms »Soziale Stadt«, das seit 1999 bundesweit durchgeführt wird. Die Quartiersmanagementbüros in Berlin haben seitdem wertvolle Arbeit geleistet. Es macht einen Unterschied, ob soziale Probleme in einem Stadtteil mehr oder weniger ignoriert werden oder ob diese Beachtung finden und nach einer Lösung gesucht wird. Es macht einen Unterschied, ob eine Umgebung der Verwahrlosung überlassen wird oder nicht. Wo Armut, Arbeitslosigkeit, Bildungsbenachteiligung und architektonische Tristesse konzentriert sind, werden Menschen anfällig für äußere und innere Verwahrlosung, Drogenabängigkeit, Hoffnungslosigkeit und auch Gewalt. Und das Aufeinandertreffen verschiedener Kulturen, verschiedener Religionen, verschiedener Lebensstile kann befruchtend sein, aber auch sozialen Zündstoff produzieren. Rechtzeitiges Sich-darum-Kümmern kann verhindern, dass es zu Eskalationen kommt, unter denen dann die dort wohnenden Menschen zu leiden haben. Dafür steht das Quartiersmanagement, auch wenn es nicht grundsätzlich die soziale Spaltung durch Armut, Arbeitslosigkeit und Bildungsbenachteiligung beseitigen kann, denn das sind Folgen der »großen« Politik.

Wer im hinteren Kreuzberg, in SO 36, spazieren geht, wird neben diversen Bausünden auch innovative Seiten der Berliner Sanierungsgeschichte kennenlernen können, wie die »Baller-Bauten« bzw. Torhäuser, die im Rahmen der Internationalen Bauaustellung 1979 am Fraenkel-Ufer entstanden sind. Sie markieren eine Abkehr von der Kahlschlagsanierung wie beim Kotti hin zur behutsamen Stadterneuerung. Die Architektin Inken Baller hat mit ihrem damaligen Mann Baugeschichte für den sozialen Wohnungsbau geschrieben, wie sie in dem Buch »Immer den Frauen nach. Spaziergang am Landwehrkanal zur Berliner Frauengeschichte« ausführt. Ein Beweis, dass mit den Kostenvorgaben des sozialen Wohnungsbaus eine phantasievolle Architektur verwirklicht werden konnte. Außen geschwungene Linien, innen individuell gestaltete Wohnungen, die mit offenen Küchen ausgestattet sind. Grüne Innenhöfe. Eine »menschliche Architektur«, das schwebt dieser Architektin vor. Sie meint, dass Frauen eine ganze Menge dazu beitragen können, und dass es zum Glück inzwischen auch viel mehr Architektinnen als früher gäbe. Klar, die architektonische Planung lag bisher meist in Männerhand. Was letztendlich zählt, ob bei Frau oder Mann, ist folgendes: Bei der Wohnungsgestaltung müssen das alltägliche Leben, die Hausarbeit, das soziale Miteinander berücksichtigt werden. Darauf wird auch in den Filmen von Helga Reidemeister über eine Familie im Märkischen Viertel hingewiesen (produziert Ende der 1970er/Anfang der 1980er Jahre). Die Mutter in dieser Familie beklagt heftig die wenig sinnvolle Wohnungsgestaltung, den langen Weg von der kleinen isolierten Küche bis zum Essraum, und sie beklagt die kommunikationsfeindliche Unwirtlichkeit der Häuser. Unsere Schlussfolgerung: Wohnqualität darf nicht zum Luxusbedürfnis erklärt werden und nur den Wohlhabenden vorbehalten sein. Vom Berliner Volksdichter Heinrich Zille stammt die Aussage, dass man jemanden mit einer Wohnung erschlagen kann wie mit einer Axt. Elende erniedrigende Wohnverhältnisse können Menschen in der Tat schwer zusetzen.

Exkurs: Berlin, ein Ort der Gleichberechtigung?

Empfohlen sei ein Spaziergang am Landwehrkanal und die Lektüre: »Immer den Frauen nach. Spaziergang am Landwehrkanal zur Berliner Frauengeschichte« (Cornelia Carstens, Margret Luikenga 1993).

»Immer den Frauen nach« könnte auch eine Inspiration für die Berliner Stadtgestaltung werden. Vieles in der Berliner Geschichte wurde von Frauen geprägt, auch wenn sie im öffentlichen Raum stark unterrepräsentiert sind (siehe Straßennamen und Denkmäler). Empfohlen sei ein Spaziergang am gut zehn Kilometer langen Landwehrkanal und dazu die obige Lektüre. Der Mitte des 19. Jahrhunderts ausgehobene Landwehrkanal geht durch sechs ganz unterschiedliche Berliner Bezirke: Kreuzberg,

Wohnen in Berlin 65

Treptow, Neukölln, Schöneberg, Tiergarten und Charlottenburg. Auf dieser Wasserstraße wurden im Zuge der Industrialisierung die Baumaterialien für die »Mietskasernen« mit ihren vielen Hinterhöfen herangeschafft. Deren Kennzeichen war die »Kreuzberger Mischung«, verstanden als soziale Durchmischung: »Im Vorderhaus wohnten die ›besseren‹ Leute, im ersten Stock, der sogenannten ›Belle Etage‹ so mancher Hausbesitzer mit seiner Familie; je kleiner, dunkler und stickiger aber die Wohnung, um so ärmer die Bewohnerinnen und Bewohner.« (ebd: 7) In diesen dunklen beengten schäbigen Wohnungen hatten die Frauen wahrhaftig kein leichtes Leben. Frauen waren im 19. Jahrhundert noch von vielen Berufen ausgeschlossen. Das Los der Frauen in den unteren Schichten war: Fabrikarbeit, Heimarbeit, Dienstmädchenarbeit, viele Kinder aufziehen, elende einschränkende Lebens- und Wohnverhältnisse – siehe die Zeichnungen von Heinrich Zille. Arbeit fanden die proletarischen Frauen zum Beispiel in der Textilproduktion, die auch am Landwehrkanal situiert war. Hier wurden auch durch bürgerliche, wohlhabende Frauen und ihre Vereine soziale wohltätige Einrichtungen wie ein Arbeiterinnenheim, ein Krippenverein, ein Mädchenhort, eine Frauen-Siechenanstalt gegründet. Das war einmal. Was hat sich seitdem alles verändert! Nicht zuletzt dank der Vorkämpferinnen für Gleichberechtigung und soziale Rechte, an die in dem Text erinnert wird, wie Clara Zetkin, an Rosa Luxemburg, die nach ihrer Ermordung im Landwehrkanal versenkt wurde (siehe Gedenktafel in Höhe des Tiergartens), und nicht zu vergessen die Pionierin einer weiblichen Berufsausbildung, Anna Schepeler-Lette, sowie Maria Juchacz, die Gründerin der Arbeiterwohlfahrt (AWO) und erste Frau, die als sozialdemokratische Abgeordnete im Februar 1919 eine Rede in einem deutschen Parlament hielt.

Der Blick in die Vergangenheit regt an, über heute nachzudenken. Was tut sich unter den Dächern Berlins auf dem Gebiet der Gleichberechtigung? Berlin – eine Stadt, in der sich als Frau gut leben lässt? Eine gute Wohnung gehört dazu, aber auch diskriminierungsfreie Arbeit, Ausbildung, Kultur. Chancengleichheit in allem! Die Bilanz ist gemischt. Trotz aller begrüßenswerten positiven Veränderungen ist das Leben im 21. Jahrhundert für viele Frauen kein Zuckerschlecken, ob in Berlin oder anderswo. Sie sind am meisten von prekärer Arbeit und Armut betroffen, das wirkt sich auch auf die Wohnungsfrage aus. Frauen müssen häufig soziale Missstände ausbaden. Das gilt für die Betreuung von Kindern ebenso wie für die Pflege alter oder behinderter, schwerkranker Angehöriger. Sie werden immer noch für die gleiche Arbeit schlechter bezahlt und sind trotz ihrer Bildungsfortschritte seltener in leitenden Positionen anzutreffen als Männer. Aber sie erobern sich immer mehr Einfluss. Im Berliner Landesparlament lag der Anteil der Frauen Anfang 2015 bei 33,7% und damit an sechster Stelle bundesweit. Also eindeutig verbesserungswürdig! Positiv ist, dass Berlin sich rühmen kann, in Deutschland die erste türkische Frau im Bürgermeisteramt zu haben, wenn auch als Stellvertreterin, und Frauen als Bezirksbürgermeisterinnen tätig sind. Positiv ist, dass zur Zeit der DGB-Berlin von einer Frau geführt wird, ebenso ver.di-Berlin und die Gewerkschaft der Polizei. Ein weiblich-männliches Führungsteam finden wir im Jahr 2015 in der GEW Berlin. Viele öffentliche Unternehmen haben in Berlin eine Frau an der Spitze. Genannt seien: DEGEWO, HOWOGE, WBM, Stadt und Land Wohnbauten Gesellschaft mbH, weiterhin der Verkehrsverbund Berlin-Brandenburg, das Vivantes Netzwerk für Gesundheit GmbH, die Berliner Verkehrsbetriebe, die Charité, die Berliner Bäder-Betriebe, die Berliner Stadtgüter, die Humboldt-Universität, das Wissenschaftszentrum Berlin für Sozialforschung GmbH, das Hebbel-Theater und Gorki-Theater usw. Dahinter steht neben den persönlichen Leistungen ein jahrhundertelanger Kampf um Gleichberechtigung. Ein wichtiger Aspekt für das soziale Klima in Berlin. Das Zusammenleben in der Stadt profitiert davon, wenn Bildung und Erziehung, Kultur, Arbeit, Wirtschaft von geschlechtsspezifischen und herkunftsbezogenen (auch ethnischen) Benachteiligungen und Stereotypen befreit werden. Für alle Bürger/innen gelten demokratische Regeln, also keine Duldung von jeglicher Art von Diskriminierung, bis hin zu Rassismus, Frauenfeindlichkeit, sexuellem Missbrauch und anderen Formen der Gewalt! Ein friedliches gleichberechtigtes Zusammenleben ist vor dem Hintergrund der vielfältigen Lebensstile, Weltanschauungen und Herkunftsorte der Berliner/innen durchaus keine Selbstverständlichkeit, sondern braucht tatkräftige Unterstützung durch die kommunale Politik, beispielsweise im Bildungs- und Gesundheitsbereich oder bei der Finanzierung von Beratungsstellen und Einrichtungen zur Förderung und zum Schutz von Frauen, wie den Frauenhäusern.

Wohnen in Berlin

Mehr »Löcher als Käse«: Mietpreisbremse, Verbot von Umwandlung, Fremdnutzung, Leerstand; Bindung an soziale Vorgaben

Eine wirklich wirksame flächendeckende Begrenzung der Mietsteigerung, die sowohl die Wohnungen des öffentlichen Wohnungsbaus als auch die im privaten Eigentum befindlichen umfasst, lässt auf sich warten. Durch die unerwartet hohe Zunahme der Einwohnerzahlen in Berlin verstärkt sich zudem die Konkurrenz um Wohnraum und damit das Ansteigen der Mieten. »Mehr Löcher als Käse« lautet der schnoddrige Kommentar der grünen Politikerin Renate Künast zu den neuen Regelungen zur Begrenzung von Mietsteigerungen. Sehen wir uns die Löcher im Käse an. Nach wie vor dient die sogenannte energetische Modernisierung als Einfallstor für Mietsteigerungen. Mit dem Argument, Energiekosten sparen zu wollen, werden Veränderungen vorgenommen, wie Dämmung der Wände, neue Fenster, Umstellung der Heizung, die dann oft zu überdimensionierten Mietsteigerungen führen, im Extremfall nahezu 100%. Energetisch begründete hohe Mietsteigerungen, oft weit höher als die Einsparung von Energie, sind rechtlich nach wie vor legitim. Sie können in vielen Fällen durch die bisherigen Mieter nicht mehr bezahlt werden, sodass diese sich zum Wohnungswechsel genötigt sehen.

Ein anderer Anlass für Mietsteigerungen ist die Neuvermietung. Zwar wurde am 1. Juni 2015 in Berlin als erstem Bundesland die Mietpreisbremse eingeführt, doch dadurch werden Mietsteigerungen bei Neuvermietung lediglich auf 10% begrenzt, ausgehend von dem ortsüblichen Mietenspiegel. Ermöglicht wurde das durch ein am 5. März 2015 vom deutschen Bundestag beschlossenes Bundesgesetz. Die Mietpreisbremse ist auf fünf Jahre begrenzt. Jedes Bundesland entscheidet für sich, in welchen Gebieten die Mietpreisbremse gelten soll. Diese Regelung kann allerdings ohne ausreichende Kontrolle immer wieder unterlaufen werden. Weiterhin ist im Bundesgesetz eine neue mieterfreundliche Regelung für die Maklerkosten enthalten. Nach dem sogenannten Bestellerprinzip muss zukünftig derjenige die Maklerkosten bezahlen, der den Auftrag gibt.

Anlass für hohe Mietsteigerungen ist auch die verstärkte Umwandlung von Mietwohnungen in Eigentumswohnungen. Im Jahr 2010 waren das laut Berliner Zeitung 4.535 Wohnungen und im Jahr 2013 schon 9.178, also mehr das Doppelte. An der Spitze der Umwandlung lag der Prenzlauer Berg mit 1.500 verkauften Mietwohnungen, danach Kreuzberg mit 921 Umwandlungen.

Allerdings wurde auch hier durch eine sogenannte Milieuschutzverordnung die Bremse gezogen, wie wirkungsvoll, muss sich noch herausstellen. Am 3. März 2015 wurde vom Berliner Senat eine Verordnung beschlossen, die die Mieter in Berlin stärker vor Verdrängung schützen und die soziale Durchmischung sichern soll. Für die sogenannten Milieuschutzgebiete – 21 gab es im Herbst 2015 – wurde die Umwandlung von Miet- in Eigentumswohnungen untersagt bzw. für genehmigungspflichtig erklärt. Eine Ausweitung von Milieuschutzgebieten ist möglich. Berlin folgt mit dieser Verordnung dem Beispiel von Hamburg und Bayern. Die tatsächliche Wirkung ist umstritten. Sie soll bis zum Jahr 2020 gelten und könnte etwa 300.000 Berliner Mieter/innen zugutekommen. Ausnahmen sind dann erlaubt, wenn bisherige Mieter ihre Wohnung als Eigentum erwerben wollen.

Begrüßt wurde die Verordnung durch den Berliner Mieterverein: Schon bisher habe es einen gewissen Schutz der Mieter/innen durch die berlinweit gültige zehnjährige Sperrfrist für Kündigungen nach einer Umwandlung gegeben. Doch bekanntermaßen werde auf Mieter/innen oft Druck ausgeübt, die Wohnung zu verlassen. Gemäß Mieterverein steigen Mieten nach einer Umwandlung manchmal um bis zu 30%.

Gegenwind kam vom Eigentümerverband Grund&Boden, mit der Begründung, dass so verhindert werde, dass durch den Erwerb von Wohneigentum Alterssicherung betrieben wird. Und die IHK kritisierte: »Der erneut starke Eingriff in die Eigentumsrechte von Immobilienbesitzern verschlechtert das Investitionsklima in der Stadt, ohne dass die Mieten tatsächlich mittelfristig gedämpft werden. In einer Stadt mit einer bereits existierenden starken Regulierung des Mietwohnungsmarktes entsteht durch diese Verordnung keine einzige neue Wohnung.« (Berliner Zeitung 4.3.2015). Es dürfte kaum überraschen, dass die Fahne des privaten Eigentums hochgehalten und mit Verschlechterung des Investitionsklimas gedroht wird. Darauf lässt sich erwidern: Eigentum verpflichtet, siehe Art 14 Abs. 2 Grundgesetz.

Die Landesregierung hat mit diesen Verordnungen eine Art Notbremse gezogen. Würden die Koalitionsparteien SPD und CDU tatenlos der Verdrängung der bisherigen Mieter/innen aus ihren Stadtteilen zuschauen und das Feld ganz und gar den Immobilienspekulanten überlassen, könnten sie mit einer Quittung bei der nächsten Wahl rechnen.

Ein weiterer Hintergrund für die Mietsteigerung wurde schon erwähnt: die zeitliche Befristung der Auflagen für Sozialwohnungen, die sich in privatem Hauseigentum befinden. Das sei ein falsches System, wird heute kritisiert, denn dadurch gehen zurzeit mehr Sozialwohnungen verloren, als neu gebaut

Wohnen in Berlin

werden. Die Kritik ist berechtigt. Denn warum fördert ein Land private Eigentümer beim Bau von Sozialwohnungen, wenn diese nach 15 bis 20 Jahren zur privaten Verwertung freigegeben werden und so persönliche Bereicherung durch öffentliche Subventionen ermöglicht wird? Die Haushalte verschwinden ja nicht, die auf gebundene Mieten angewiesen sind. Im Gegenteil.

Nicht unbeträchtlich wird Wohnraum dadurch verknappt, dass Wohnungen als Feriendomizil durch woanders wohnende Eigentümer für sich selbst oder auch gegen Bezahlung genutzt werden. Kann doch an Touristen im Vergleich zur Vermietung ein Vielfaches verdient werden, ohne sich an den Mieterschutz halten zu müssen. Das ist inzwischen zu einer Belästigung vieler in Berlin lebender Menschen geworden, die sich über Dauer-Partys bis tief in die Nacht hinein gestört fühlen. Geschätzt wird eine Größenordnung von 12.000 bis zu 24.000 Wohnungen, die als Feriendomizil genutzt werden. Eine staatliche Eingriffsmöglichkeit gibt es inzwischen durch das »Zweckentfremdungsverbot-Gesetz«, zusätzlich durch eine Zweckentfremdungsverbot-Verordnung. Ziel ist, den vorhandenen Wohnraum vor der Umwandlung in Gewerberaum, Ferienwohnungen und vor Abriss sowie Leerstand zu schützen. Jedoch gibt es das offene Türchen von Ausnahmegenehmigungen. Nötig ist ein konsequentes Handeln und ausreichende Kontrolle durch die zuständigen Bezirksämter, die dafür das entsprechende Personal brauchen.

Inzwischen gibt es in Berlin eine Auseinandersetzung um die Beschlagnahmung von leerstehendem Wohnraum, die nach dem Allgemeinen Sicherheits- und Ordnungsgesetz (ASOG) möglich ist, wenn Gefahr für die öffentliche Sicherheit droht – lange Zeit ein Tabu. Jetzt hat der Bezirk Friedrichshain-Kreuzberg das Tabu gebrochen. In der Bezirksverordnetenversammlung vom 28. Oktober 2015 stimmte eine Mehrheit, nämlich die Abgeordneten der Grünen, der Linken, SPD und Piraten dafür, dass »notfalls« auch leerstehende private Wohnungen beschlagnahmt werden, um Flüchtlinge und Obdachlose unterzubringen. Ein Streitfall ist schon lange der Zustand im luxussanierten »Rhiemers Hofgarten« zwischen Mehringdamm, York-, Großbeeren- und Hagelberger Straße, wo es sich bei einem großen Teil der Wohnungen um spekulativen Leerstand handelt. Leerstand gibt es allerdings nicht nur bei privatem Wohnungseigentum, sondern auch bei nicht mehr genutzten Gebäuden, die sich entweder in öffentlichem Eigentum befinden oder gemeinnützigen Organisationen gehören, so ehemalige, inzwischen leerstehende Krankenhäuser. Der Berliner Flüchtlingsrat hat in seiner »Leerstandsliste« genaue Angaben gemacht. Hier muss die Politik ein Zeichen setzen, dass Gemeinwohl Vorrang vor spekulativen Interessen hat.

Gentrifizierung – ein aufhaltbarer Prozess?

Gentrifizierung als Prozess der sozialen Entmischung ist Ausdruck davon, dass die Wohnungsversorgung immer mehr dem Markt überlassen wurde und damit eine historisch entstandene soziale Mischung allmählich zerstört wird. Warum überhaupt soziale Mischung in Wohngebieten zu befürworten ist oder daran festgehalten werden soll, ist eine zu klärende Frage (siehe Interview mit Andrej Holm, S. 67ff.). Gibt es doch genügend Beispiele, dass Menschen »unter sich« sein wollen. Und wo ist der Beweis, dass die Arm-Reich-Nachbarschaft etwas bringt? Geht es nicht grundsätzlich darum, dass Armut zu überwinden ist? Unserer Meinung nach ist das Ziel, Lebensverhältnisse zu verbessern und Armut zu überwinden, eher zu erreichen, wenn statt gegenseitiger Abschottung und Fremdheit eine soziale Vielfalt hergestellt und bewahrt werden kann. Die Berliner Stadtsoziologen Häußermann und Kappahn bewerten soziale Vielfalt als Kennzeichen für »die europäische Stadt«, die, anders als in den USA, eine Entwicklung ohne scharfe räumliche Segregation genommen habe. Demnach ist soziale Vielfalt bezogen auf städtisches Wohnen das Resultat eines langen Pozessses von Stadtentwicklung.

»Eine wirkliche Mischung in einem Quartier ergibt sich dann, wenn verschiedene Eigentumsformen, verschiedene Nutzungen, verschiedene ethnisch-kulturelle Gruppen, wenn Arm und Reich, wenn Jung und Alt zusammenwohnen. Eine solche Mischung ist nicht administrativ herzustellen, sondern nur in einem historischen Prozess, in dem für die verschiedensten Wohnwünsche günstige Bedingungen innerhalb eines Quartiers geschaffen werden. Dies ist am wenigsten zu erwarten, wenn die Wohnungsversorgung, wie es gegenwärtig von der Bundesregierung und den meisten Landesregierungen angestrebt wurde, immer stärker der Steuerung durch den Markt überlassen wird.« (Häußermann/Kapphan 2002: 235)

Mit sozialer Mischung meinen sie eine gelebte Pluralität, eine Lebenskultur, die einen anderen sozialen Zusammenhalt schafft, als wenn Reiche und Arme, In- und Ausländer, Familien und Alleinlebende, Junge und Alte voneinander abgesondert wohnen und leben. Es geht um eine Kultur des Zusammenlebens insgesamt. Natürlich ist steigende soziale Ungleichheit Sprengstoff für den sozialen Zusammenhalt. Daraus entsteht allmählich eine sozialräumliche Segregation, so die These von Häußermann/Kappahn (2002). Dieser These kann zugestimmt werden. Insofern ist Gentrifizierung als umfassender Prozess zu verstehen, als Zurückweichen vor der Macht des Marktes und privaten ökonomischen Interessen, als Hinnehmen zunehmender Ungleichheit und

Wohnen in Berlin

als Verzicht auf bewusste Steuerung eines sozialen Zusammenhalts in einer Stadt. Wenn der Prozess der Gentrifizierung gestoppt werden soll, geht das nicht mit Gartenzwergepolitik, sondern bedarf umfassender sozialstaatlicher Daseinsvorsorge und Intervention, finanziert durch eine sozial gerechtere Besteuerung, als wir sie bisher haben.

Um den sozialstaatlichen Wirkungszusammenhang geht es, wenn etwa für alte Leute mit einer Mini-Rente die Miete ihrer Wohnung, in der sie Jahrzehnte gewohnt haben, unerschwinglich wird und sie an den Stadtrand in eine preiswerte Unterkunft umziehen müssen und dort vereinsamen. Für sie ist das Verbleiben-Können in ihrer Wohnung in ihrem vertrauten Kiez eine lebenswichtige Frage. Sie fürchten den Verlust ihrer sozialen Kontakte, sie fürchten sich vor dem Wohnen in einer unbekannten, anonymen, sozial isolierten Umgebung in irgendeiner Großsiedlung am Stadtrand oder im Extremfall vor der Obdachlosigkeit. Besonders bei Frauen ist die Altersarmut verbreitet und führt dazu, dass die Mietzahlung nicht erfolgt und dann der Verlust der Wohnung droht. Ähnlich gefährdet sind Menschen, die ihre Arbeit verlieren, sodass sie die Miete für ihre Single- oder Familienwohnung nicht mehr bezahlen können und von Zwangsräumung betroffen sind. Und wie beschämend ist es, wenn sich jemand entscheiden muss: Bezahle ich die Miete oder kann ich zum Zahnarzt gehen und fehlende Zähne ersetzen lassen! Gesundheits- und Rentenpolitik, das sind Stellschrauben für die Gestaltung des Alltags der Menschen und sie haben auch mit Wohnbedürfnissen zu tun. Wichtig für Jede/n, nicht nur für alte, kranke, behinderte Menschen sind ein ausreichendes Einkommen und moderate Mieten, ein ihren Bedürfnissen entsprechendes Wohnen, zum Beispiel barriereloses Wohnen im Alter oder bei Behinderung, eine Wohnumgebung, die nicht Kontakte verhindert, sondern fördert.

In den Zeiten des Sozialabbaus und des Privatisierungswahns bis hin zur Immobilienspekulation hat die Verdrängung von Menschen aus ihren Wohnungen an Fahrt aufgenommen. Immobilienfonds, ob in- oder ausländische, kaufen in Berlin ganze Straßen auf. Sie sind auch für viele mittelständische Anleger zunehmend attraktiv geworden. Das angesammelte Vermögen in Wohnungseigentum anzulegen, damit für das Alter vorzusorgen, verspricht mehr Sicherheit als andere Anlageformen, mehr Seriosität und eine über den Sparzins hinausgehende Rendite. Geworben wird mit dem sogenannten Mietsteigerungspotenzial, das unweigerlich soziale Auslese, Vertreibung oder das Fernhalten finanzschwacher Mieter/innen zugunsten der zahlungskräftigen bedeutet. In der Berliner Presse gibt es regelmäßig Horrorgeschichten zu lesen, mit welchen Mitteln Mieter/innen vertrieben werden, um Wohnungen verkaufen zu können. Um die Situation der armen Stadtbewohner/innen nachhaltig und strukturell zu verbessern, müsste durch den Gesetzgeber bundesweit die Spekulation mit Grundstücken und Immobilien wirkungsvoll eingeschränkt werden.

Es kommt darauf an, in Berlin rechtzeitig die Verdrängung von Mieter/innen zu stoppen. Berlin hat dafür in der Tat bisher noch günstigere Voraussetzungen als anderswo. Bisher noch. Gentrifizierung ist kein unausweichlicher Prozess, wie Peter Schneider in dem 2015 erschienenen Buch »An der Schönheit kann's nicht liegen. Berlin – Portrait einer ewig unfertigen Stadt« ausführt. Er hält den Einfluss der Reichen für zukunftsbestimmend und meint, Berlins Bürgermeister könnten diese Entwicklung kaum verhindern, weil ihre Weitsicht durch den Druck von Berlins immensen Schulden und die Verlockung von hohen Steuereinnahmen blockiert sei. Peter Schneiders Prognose lautet: »In fünfzehn Jahren wird Berlin so teuer sein wie New York oder London.« Sein Szenario geht von der Ohnmacht der Politik und der Wirkungslosigkeit von Alternativen aus. Eine Zukunft, die wir für Berlin nicht wollen. Gegenwehr tut not, wie Andrej Holm in dem folgenden Interview ausführt.

»In der Berliner Praxis wendet sich der Gemeinwohlbegriff gegen die Armen« – Gespräch mit Andrej Holm

Der Stadtsoziologe Andrej Holm, Dozent an der Humboldt-Universität, äußerte sich in unserem Gespräch Anfang Juni 2015 zur Berliner Wohnungspolitik. Zu diesem Zeitpunkt war noch nicht abzusehen, dass die Initiative für einen Volksentscheid zugunsten eines neuen Gesetzes zur Regelung der Wohnraumversorgung mit dem Senat einen Kompromiss aushandeln konnte. Die erste Frage zielte auf die in der Berliner Verfassung verankerte Gemeinwohlorientierung der öffentlichen Wohnungsbauunternehmen. Holm führte aus:

»Gemeinwohl ist ein unbestimmter Rechtsbegriff, der beinhaltet, dass breite Schichten der Bevölkerung mit Wohnraum versorgt werden sollen. Dazu gehört auch die Mittelschicht. Da die kommunalen Wohnungsbauunternehmen nur über 15% des Wohnbestandes verfügen, müssten vorrangig die Menschen mit geringem Einkommen, die sich auf dem frei finanzierten Wohnungsmarkt keine Wohnung leisten können, mit einer Wohnung versorgt werden. In der Berliner Praxis wendet sich der Gemeinwohlbegriff gegen die Armen, weil eine auf breite Schichten zielende Versorgung gar nicht möglich ist. Wenn die Wohnungsbaugesellschaften sich trotzdem am Ziel einer möglichst breiten Versorgung orientieren, bleiben insbesondere ärmere Haushalte unterversorgt. Dazu folgende Zahlen: Von den 1,1 Millionen Haushalten, die wegen ihres geringen Einkommens einen Wohnberechtigungsschein beanspruchen können, stellen pro Jahr 25.000 einen Antrag. Es stehen für diesen Personenkreis nur 7.000 Wohnungen pro Jahr zur Neuvermietung zur Verfügung, daher ist für viele eine Wartezeit von bis zu vier Jahren gegeben. Die Vermietungsquote für sozial bedürftige Menschen ist also sehr gering. Insgesamt gibt es einen Mangel von etwa 100.000 Wohnungen, deren Mieten unter der Bemessungsgrenze für Hartz-IV-Empfänger liegen (5,50 Euro/m²). Im Durchschnitt sind die Mieten für Berliner Sozialwohnungen höher als die Mieten auf dem freien Wohnungsmarkt. Ein Berliner Paradox und ein großer Skandal. Begründet wird dies zum einen mit ökonomischen Zwängen, die sich aus den Finanzierungskosten für den Wohnungsbau ergeben, und zum anderen mit der angestrebten sozialen Mischung.«

Zum Leitgedanken der sozialen Mischung, einem Aushängeschild der kommunalen Wohnungsbaugesellschaften: »Der Begriff der sozialen Mischung erweist sich in der Praxis regelmäßig als Legitimationsargument zur Verdrängung von sozial Benachteiligten. Weit verbreitet ist die Ansicht, heruntergekommene Wohnviertel müssten nicht nur baulich, sondern auch sozial aufgewertet werden. Argumentiert wird, dass man eine als problematisch angesehene Konzentration von Arbeitslosen, Armen, Migranten habe aufheben wollen. Mehr Mischung soll die soziale Verelendung der Stadtviertel beenden. Dabei gibt es bis heute keinen empirischen Beleg, dass mehr Wohlhabende in der Nachbarschaft den Armen wirklich nutzen. Auffällig ist, dass die angeblich so wohltuende Wirkung der Mischung fast ausschließlich im Kontext von Problemvierteln mit Aufwertungspotenzial angerufen wird. Ganz selten geht es darum, dass in reichen Vierteln wie Zehlendorf für eine bessere soziale Mischung gesorgt werden soll, indem man dort auch Wohnraum für die arme Bevölkerung anbietet. Letzendlich ist die soziale Mischung ein zynisches Konzept, weil die Armut hingenommen wird und das Ziel eben nicht ist, die Berliner Bevölkerung als Ganzes von Armut und Arbeitslosigkeit zu befreien. Ich sehe das so: Das Problem ist die Armut selbst.«

Zur Frage, wie es gegenwärtig um die Steuerungsmöglichkeiten der Politik in der Wohnpolitik steht: »Für die staatliche Steuerung stehen drei Instrumente zur Verfügung. Erstens, die Instrumente des Rechts, wie die erfolgte Einführung einer Mietpreisbremse bei Neuvermietungen, die einer umfassenden Kontrolle bedarf. Die jetzige Regelung hat sehr begrenzte Wirkung, da sie die Grenze bei zehn Prozent über der ortsüblichen Vergleichsmiete zieht. Für viele eine unerschwingliche Miete. Zweitens, das Instrument der staatlichen Fördermittel für preiswerte Wohnungen, womit für einen sozialen Ausgleich gesorgt werden soll. Das ist eine sehr teure Sache. Die Gesamtkosten der Förderung überstiegen im Sozialen Wohnungsbau oftmals das Zweifache des Herstellungspreises. Zudem ist die Förderung zeitlich begrenzt. Sozialer Wohnungsbau ist nicht mehr als eine soziale Zwischennutzung und nach Rückzahlung der Darlehen können die ehemaligen Sozialwohnungen wie ganz normale Marktwohnungen gehandelt und vermietet werden. Als unsozial haben sich in Berlin auch die jährlichen Erhöhungen infolge des schrittweisen Förderabbaus erwiesen. Die in der Fördersystematik vorgesehenen Mieterhöhungen überschreiten inzwischen vielfach sogar die Bemessungsgrenzen der Kosten der Unterkunft, sodass die Sozialmieten von den Jobcentern nicht mehr in voller Höhe übernommen werden. Da muss es eine Veränderung geben, nämlich die zeitliche Begrenzung der Förderung zu beenden und auf Erhöhungen zu verzichten. Drittens, das Instrument des öffentlichen Eigentums an Wohnungen und Liegenschaften: Beide Ressourcen wurden in Berlin nicht für eine soziale Wohnungsversorgung genutzt. Im Gegenteil: Die Liegenschaften des Landes wurden überwiegend zum Höchstpreisgebot an private Investor/innen verkauft und ein Großteil der landeseigenen Wohnungen wurde privatisiert. Im Vergleich zu den 1990er Jahren ist inzwischen nur noch die Hälfte des landeseigenen Wohnungsbestands übrig geblieben, anteilsmäßig nur noch 1% aller Wohnungen in Berlin. Anfang der 1990er Jahre gab es 20 landeseigene Gesellschaften, von denen eine verkauft wurde, die GSW, die anderen wurden fusioniert, sodass sechs übriggeblieben sind. Der Zusammenschluss wurde wie ein Verkauf abgewickelt. Der Gesamterlös der In-Sich-Verkäufe und der Privatisierung – insgesamt bis zu zwei Milliarden Euro – ging in die Landeskasse ein. Dadurch kam es zu einer massiven Verschuldung der landeseigenen Wohnungsbauunternehmen, die sie bis heute belastet und zu einem Konsolidierungskurs zwingt. Daher wäre es jetzt eine Art nachholende Gerechtigkeit, das in den 1990er Jahren entnommene Geld wieder zurückzugeben und das Eigenkapital zu erhöhen. Der landeseigene Wohnungsbestand muss dringend erweitert werden. Der geplante Neubau von jährlich zweitausend Wohnungen ist bei weitem nicht ausreichend, da jedes Jahr eine hohe Zahl an Sozialwohnungen – sechs- bis zehntausend – den Status als Sozialwohnung verliert. Daher werden die Sozialwohnungen weniger statt mehr.«

Zu der Rechtsform der kommunalen Wohnungsbaugesellschaften: »Die vom Volksentscheid angezielte Rechtsform der Anstalt des öffentlichen Rechts für die kommunalen Wohnungsbaugesellschaften ist nicht der Kapitalform verpflichtet. Dahinter steht ein großer Aufruf für tatsächliche öffentliche Verantwortung. Die Wohnungsversorgung für Arme kann nicht über die Marktlogik erfolgen und die Gewinnerzielung darf keine Rolle spielen. Bei den jetzigen Rechtsformen, Aktiengesellschaft und Gesellschaft mit beschränkter Haftung, haben die Unternehmen mehr Möglichkeiten, betriebswirtschaftliche, gewinnorientierte Strategien durchzusetzen. Die Kritik an dem Vorrang des Ökonomischen gegenüber dem Sozialen wird inzwischen von vielen Menschen geteilt und es gibt einen großen Zugewinn an Erfahrungen und Fachwissen, das dem Inhalt des Volksentscheids zugrunde liegt. Neben der gemeinnützigen Rechtsform des öffentlichen Wohnungsbaus sollte es einen Wohnraumförderfonds geben, der tragbare Mieten finanziell dauerhaft absichert und eine wirkungsvolle Mitbestimmung der Mieter garantiert.«

Zu den Chancen einer sozialen Wohnungspolitik: »Sie ist eine Frage des politischen Willens. Aber ich bin mir nicht sicher, ob das wirklich auf der Höhe der Zeit ist, dass die Parteien das durchsetzen. Es gibt zwar inzwischen eine rhetorische Sensibilität gegenüber der Wohnungsfrage, aber ich sehe nirgendwo einen deutlichen Vorrang des Sozialen gegenüber der Ökonomie. Die Parteiendemokratie hat ihre Grenze.«
Das Gespräch führten Klaus Kohlmeyer und Stephanie Odenwald

Die neue Mieterbewegung – Recht auf Stadt

Die neue Mieterbewegung hat den Slogan vom »Recht auf Stadt« wieder bekannt gemacht, der im Übrigen international gebraucht wird, beispielsweise auch in Istanbul bei den Gezi-Protesten. Die Bürger/innen wollen ihre Stadt nicht den Investoren und Modernisierungsstrategien der herrschenden Politiker/innen ausliefern. Sie wollen verhindern, dass Profitinteressen rücksichtslos gegen Mensch und Natur durchgesetzt werden. »Recht auf Stadt« verweist auf eine neue Generation von Mieterprotesten, die durch außerparlamentarische Aktionen die politischen Debatten und Entscheidungen beeinflussen wollen. Diverse Konflikte in Berlin, wie der Berliner Bankenskandal im Zusammenhang mit Immobilienspekulation und die Privatisierungsorgien im Bereich der Wasser-, Energie- und Wohnungsversorgung, haben eine Repolitisierung ausgelöst. Durch Bürgerbegehren mussten Pläne des Senats offengelegt und den Bürger/innen zur Abstimmung gestellt werden, wie die Bebauung des alten Tempelhofer Flughafens. Mit dem Ergebnis, dass bei dem Volksbegehren 2014 die Pläne des Senats mit einer breiten Mehrheit abgelehnt wurden. Im Vordergrund standen ökologische Gründe, auch wenn trotz Bebauung eine große freie Fläche geblieben wäre. Vermutlich überwog die Skepsis gegenüber den Bebauungsplänen, die Befürchtung, dass für Normalverbraucher/innen unbezahlbare Wohnungen gebaut werden.

In den letzten Jahren haben sich fast überall in Berlin Mieterinitiativen gebildet, die meisten in Kreuzberg und Neukölln, aber auch jenseits der Szenehochburgen, wie den »Pankower Mieterprotest« in Pankow, die »Kiez-Initiative Karla Pappel« in Alt-Treptow, den »Runder Tisch gegen Gentrifizierung« in Moabit. Bekannt ist die Kreuzberger Initiative »Kotti&Co«, die auf dem Platz bei der U-Bahn-Station Kottbusser Tor mit seinen gigantischen Miethäusern eine Holzhütte als Treffpunkt errichtet hat, nach türkischem Brauch »gecekondu« genannt; das bedeutet »über Nacht gebaut«. Alle diese Mieterinitiativen wehren sich gegen die Mietsteigerungen und Verdrängungen, fordern eine Rekommunalisierung der privatisierten Wohnungen und eine andere Stadtpolitik.

In Berlin wurde der breite Protest gegen das Projekt Mediaspree, also gegen die Bebauung des Spreeufers entlang der ehemaligen Mauer mit ihrer spektakulären Bemalung (»East-Side-Gallery«), zum Katalysator für eine deutliche Veränderung der Berliner Protestlandschaft. Mittlerweile haben sich mehr als 70 Initiativen und Hausgemeinschaften zusammengeschlossen. Ihre Vernetzung ist vorangeschritten, wie die Internet-Auftritte von »Stadt-

Wohnen in Berlin 77

vernetzt« und »Mietenpolitisches Dossier« zeigen. Sie dienen sowohl dem Austausch der von Mietproblemen Betroffenen als auch der Formulierung einer politischen Perspektive und Organisation von Versammlungen und Konferenzen – mit Erfolg. So wurde bei den Koalitionsverhandlungen im November 2011 im Roten Rathaus eine Zusammenstellung von Einzelfällen des Berliner Mietenwahnsinns und ein daraus abgeleiteter Forderungskatalog übergeben. (Holm 2014: 10)

Auch am Widerstand gegen Zwangsräumungen nehmen Viele teil, wie in dem aktuellen Film »Mietrebellen« (2014) sichtbar wird. Einige der über 6.000 pro Jahr in Berlin anberaumten Zwangsräumungen konnten gestoppt werden. »Mietrebellen« zeigt, dass auf die Blockaden mit massiven Polizeieinsätzen reagiert wurde und Räumungen mittels staatlicher Gewalt durchgesetzt wurden, wie bei einer alten Reinickendorferin, die dann wenige Tage nach der Zwangsräumung starb. Ihre Beerdigung hat in dem Film den Charakter einer öffentlichen Manifestation gegen das staatliche repressive Vorgehen. Verletzung der Menschenwürde, lautet der Vorwurf.

Der Widerstand gegen eine unsoziale Wohnungspolitik erzielt Wirkung, siehe auch das Beispiel von Kotti&Co, geschildert von Andrej Holm: »Ein halbes Jahr Lärmdemonstrationen, Veranstaltungen und eine selbstorganisierte Konferenz zum sozialen Wohnungsbau später hat der Senat von Berlin ein neues Mietkonzept für einen Teil der Sozialwohnungen in Berlin beschlossen. Für über 6 Mio. Euro sollen nun die Mieten in etwa 35.000 Berliner Sozialwohnungen auf 5,50 Euro gekappt werden. Die Initiative kritisiert zu Recht, dass diese Regelung zu kurz greift und auch keine dauerhafte Wohnsicherheit garantiert – doch allein der Umstand, dass die zum Sachzwang erhobene Spardoktrin des Berliner Senats durchbrochen wurde, sollte Mut auf mehr machen.« (ebd.: 14) Eine Mieterbewegung, wie bei dem Beispiel »Kotti&Co«, bringt Sand ins Getriebe und sie verdient Unterstützung statt staatliche Repression. Holm berichtet über die Vorladung der Protestierenden vom Kotti bei der Abteilung Staatsschutz, 20 Frauen waren betroffen, und er verweist auf die Aufmerksamkeit im Verfassungsschutzbericht gegenüber der mieterpolitischen Protestbewegung.

Über die in vielen Berliner Stadtteilen geschaffenen Einrichtungen des Quartiersmanagements wurde bereits berichtet. Das Quartiersmanagement wird von einem Teil der Mieteraktivist/innen als zweischneidig erlebt. Einerseits wird darin eine Beschränkung auf das Machbare gesehen, sozialer Zündstoff werde entschärft, um einen sozialen Aufstand zu verhindern. Andererseits wird das Eingreifen vor Ort akzeptiert, denn Notstände im

Wohnquartier belasten das Zusammenleben. Wenn es beispielweise um eine gute Kita-Versorgung im Wohngebiet geht, die auf die Bedürfnisse der Bewohner/innen zugeschnitten ist, kann ein Quartiersmanagment wertvolle Unterstützung leisten, indem es für den Besuch der Kita wirbt. Bilanzieren lässt sich, dass das Quartiersmanagement zu einem wichtigen sozialstaatlichen Instrument im Bereich der Stadt geworden ist. Natürlich ist der Einfluss des Quartiermanagments begrenzt, weil die grundsätzlichen sozial- und wirtschaftspolitischen Entscheidungen woanders getroffen werden. Dennoch sind die Effekte für ein Wohnquartier positiv. Sozialen Zündstoff schwelen zu lassen, kann zu Verhältnissen führen, wie wir sie aus französischen Banlieues kennen, zu einer Art Krieg im Inneren der Gesellschaft mit all seinen verheerenden Folgen. (Wer mehr darüber erfahren möchte, sehe sich den Ende 2015 in Deutschland angelaufenen Film »Dämonen und Wunder« an.)

Wohnungspolitischer Kurswechsel – Druck durch Volksbegehren

Im September 2016 stehen in Berlin Wahlen zum Abgeordnetenhaus auf der Tagesordnung. Nicht zuletzt werden die Berliner Wähler/innen sich bei ihrer Entscheidung, welche Partei sie wählen, danach richten, ob eine zufriedenstellende Wohnungspolitik in die Wege geleitet wird. Mit der Wohnungspolitik ist die Infrastruktur in einem Stadtteil eng verbunden, also Kitas, Schulen, Volkshochschulen und öffentliche Bibliotheken, Sportstätten, kulturelle Angebote, Verkehr, Unterbringung und Integration von Flüchtlingen. Auf jeden Fall gibt es Druck hin zu einem Kurswechsel und es gibt eine positive wirtschaftliche Entwicklung, infolgedessen erhöhte steuerliche Einnahmen. Ein Kurswechsel bedarf allerdings eines lang anhaltenden Widerstandes gegen rigorose Sparpolitik und Privatisierung, nicht zuletzt durch die Mieterbewegung, durch das Einfordern eines »Rechts auf Stadt«.

Es geht um einen Kurswechsel, der über die schon genannten neuen Regelungen hinausgeht, auch wenn diese für manche Kreise schon zu weitgehend sind. Die neuen Verordnungen – die Mietbremse und die zum Milieuschutz, bzw. das Verbot der Umwandlung in Eigentumswohnungen und Fremdnutzung – sind nur ein kleiner Mosaikstein, wenn eine umfassende soziale Stadtgestaltung gewollt wird.

Bezahlbare Mieten standen im Mittelpunkt des Volksbegehrens, dem ersten Schritt hin zum Volksentscheid. Mehrere Mieterinitiativen standen hinter

Wohnen in Berlin

dem geplanten Volksentscheid für eine neue Mieterpolitik und erarbeiteten einen Gesetzestext: »Stadtweit Wohnungen zu angemessenen Bedingungen zur Verfügung zu stellen«. Schon mit der ersten Etappe der Unterschriftensammlung – Ergebnis waren in kurzer Zeit 40.000 Unterschriften – wurde viel erreicht. Eine Erfolgsgeschichte, die hier gewürdigt werden soll. Wie schon erwähnt, traf sich nach der erfolgreichen ersten Sammlung von Unterschriften die SPD-Regierungsfraktion samt Senator für Stadtentwicklung und Umwelt zu Gesprächen mit den Initiatoren. Befürchtet wurden von Regierungsseite zu hohe Kosten: nämlich drei Milliarden Euro u.a. für die Mietzuschüsse für Sozialmieter/innen in überteuerten Wohnungen und für Ankäufe von Sozialwohnungs-Mietshäusern zu überhöhten Preisen. Der Senat hat angekündigt, vor allem den Neubau von Sozialwohnungen voranzutreiben, statt in den alten Bestand zu investieren. Laut dem jetzigen Finanzsenator, Matthias Kollatz-Ahnen, wurden in keinem anderen Bundesland so teure Sozialwohnungen gebaut wie in ehemals West-Berlin. Private Investoren und Baufirmen hätten sich regelrecht bedient. Neubauten wären sinnvoller, als in »den schlechten alten Bestand noch mehr Geld zu stecken«, genau das wolle aber der Mieten-Volksentscheid. (Berliner Zeitung vom 27.6. 2015: »Neubau kontra Zuschuss«) Das Ergebnis der Gespräche: »Der Senat und die Vertreter vom Mieten-Volksentscheid haben sich also nach politisch kontroversen und und sachlich komplizierten Verhandlungen auf einen gemeinsamen Gesetzesentwurf geeinigt, auch wenn sich die Initiative nicht endgültig festgelegt hat. Aber wenn der Kompromiss trägt, wird die Volksabstimmung, die gleichzeitig mit der Abgeordnetenhauswahl 2016 stattfinden sollte, (...) entbehrlich.« (Tagesspiegel 19.8.2015) Weiterhin wird ausgeführt, dass in dem Entwurf für ein »Gesetz über die Neuausrichtung der sozialen Wohnraumversorgung in Berlin« ein Kompromiss erreicht worden sei, besonders hinsichtlich des landeseigenen Fonds, »aus dem Neubauten, aber auch der Ankauf von Sozialwohnungen und Belegungsrechten, Modernisierung und Instandsetzung sowie der Kauf von Wohnungen für die städtischen Wohnungsbauunternehmen finanziell gefördert werden sollen«. Darüber hinaus soll es ein »Berliner Sozialwohngeld« geben, eine sogenannte Subjektförderung, durch die die Nettokaltmieten in Sozial- und Kommunalwohnungen auf 30% des Netto-Einkommens der Mieter begrenzt werden sollen, wirksam auch für Mieter/innen von Wohnungen, deren Anschlussförderung gestrichen worden ist. Zwangsräumungen sollen gesetzlich erschwert und die Rechte der Mieter/innen durch die Einrichtung von Mieterräten gestärkt werden. Für den größten Streitpunkt zwischen Initiative und Senat, nämlich die Umwandlung der sechs städtischen

Tabelle 1: Die kommunalen Wohnungsunternehmen in Berlin

Name	Anzahl der Wohneinheiten	Gewerbeeinheiten	Umsatz 2013 Mio. €	Investitionen Mio. €	Beschäftigte 2013	Azubis 2013
degewo AG	71.000	1.500	419,9	n.a.	1.156	46
GESOBAU AG	37.060	621	228,0	122	274	33
Gewobag	58.000	768	370,9	111,2	527	27
HOWOGE	54.134	768	303,7	53,5	610	25
Stadt und Land	39.317	715	243,8	47,1	553	34
WBM	33.178	1.665	217,0	53,0	366	18
Gesamt	292.689	6.037	1.783,3	386,8	3.486	183

Wohnungsbaugesellschaften in Anstalten des öffentlichen Rechts, fand sich folgende Lösung: Sie bleiben zwar privatrechtlich organisiert, aber für sie wird als Dach oder Holding eine Anstalt des öffentlichen Rechts gebildet, die steuernde Funktionen übernimmt.

Der Kompromiss ist keineswegs unumstritten. Die Forderung nach einer Änderung der privatrechtlichen Form der öffentlichen Wohnungsbaugesellschaften hin zu einer Anstalt des öffentlichen Rechts wurde von der Initiative folgendermaßen begründet: So werde eine andere, nicht gewinnorientierte, Geschäftsführung erreicht (siehe Holm-Interview auf S. 70). Die Gegenposition geht aus dem Interview mit einer Betriebsrätin bei der DEGEWO hervor (s. S. 76ff.) und drückt die Befürchtungen der in den öffentlichen Wohnungsbaugesellschaften Beschäftigten aus. Danach würde die geforderte Umorganisation jahrelang Kräfte binden, einen großen bürokratischen Aufwand verursachen und eher verhindern, dass möglichst schnell für genügend Wohnraum gesorgt werde. Ohnehin seien die öffentlichen Wohnungsbaugesellschaften an soziale Auflagen gebunden und verpflichtet, diese umzusetzen. Nun wird der Kompromiss, nach dem die landeseigenen Wohnungsbaugesellschaften ihre unternehmerische Rechtsform behalten und durch eine staatliche Dachgesellschaft kontrolliert werden, seine Praxistauglichkeit zeigen müssen.

Durch die neuen gesetzlichen Regelungen soll erreicht werden, dass Mieter/innen, die auf dem Wohnungsmarkt besonders benachteiligt sind, bevorzugt behandelt werden. Dieses Gesetzespaket soll in dem Regierungszeitraum von vier Jahren eine Milliarde Euro kosten. Abgestimmt wurde es im November 2015 und trat am 1.1.2016 in Kraft. Es bindet also die aktuelle Regierung wie auch die neu zu wählende. Bei der politischen Umsetzung wird wichtig sein, dass der Druck durch die soziale Bewegung anhält. Auf jeden Fall wird die Wohnungspolitik im Berliner Wahlkampf eine maßgebliche Rolle spielen, zumal sie damit verbunden ist, wie die Flüchtlinge in Berlin menschenwürdig untergebracht werden können.

»Die landeseigenen Wohnungsbauunternehmen sind dem Gemeinwohl verpflichtet«
von Tanja Rottmann

Tanja Rottmann ist stellvertretende Betriebsratsvorsitzende bei der HOWOGE Wohnungsbaugesellschaft mbh, einem der sechs landeseigenen Wohnungsbauunternehmen Berlins. Sie gibt ihre eigene persönliche Meinung und Erfahrung wieder, hervorgegangen aus vielen Jahren beruflicher Beschäftigung im öffentlichen Wohnungsbau und Engagement als Gewerkschafterin und Betriebsrätin. Ihre Argumente beziehen sich auf den 2015 gestarteten Volksentscheid, dessen Inhalte zu einem großen Teil in das November 2015 beschlossene Landesgesetz zur Wohnraumversorgung in Berlin eingeflossen sind.

Beim kommunalen Wohnungsbestand geht es um weniger als ein Fünftel der Wohnungen, nämlich rund 18% – einschließlich Genossenschaften. Die große Mehrheit der Wohnungen befindet sich in privatem Besitz, nämlich zu 82%. Der Anteil öffentlichen Wohneigentums ist zu gering, um hier den Hebel für mehr Mieterrecht anzusetzen. Abzulehnen ist, dass in den 18% des kommunalen Wohnnungsbestandes, derzeit 300.000 Wohnungen, der einkommensmäßig schwächste Teil der Bevölkerung konzentriert wird, das würde die soziale Spaltung befördern. Die HOWOGE legt beispielsweise darauf Wert, dass Flüchtlinge nicht konzentriert in speziellen Wohngebieten untergebracht, sondern in den Stadtteilen verteilt werden.

Die landeseigenen Wohnungsbauunternehmen arbeiten schon jetzt gemeinwohlorientiert. Sie führen bis auf die HOWOGE keine Gewinne ans Land Berlin ab. Von der HOWOGE wird die begrenzte Summe von einer Million Euro jährlich an das Land Berlin abgeführt und für gemeinnützige Zwecke verwendet. Es ist zu würdigen, dass die landeseigenen Wohnungsbaugesellschaften viel dafür getan haben, dass sich in Berlin eben keine sozialen Brennpunkte wie in anderen Städten entwickeln. In ihren Wohnsiedlungen gibt es eine soziale Mischung, weil die Konzentration von Problemfällen vermieden worden ist.

Die Politik hat bei den landeseigenen Wohnungsbaugesellschaften Steuerungsmöglichkeiten, z.b. Quoten für Flüchtlingsfamilien und von Obdachlosigkeit bedrohten Menschen, die sich nicht selbst am Wohnungsmarkt versorgen können. Und es gibt Auflagen für Neubauten und Renovierung. Die HOWOGE und auch die anderen landeseigenen Wohnungsbaugesellschaften nehmen ihre soziale Aufgabe sehr ernst, wie: Beratung der Mieter/innen und deren Unterstützung in schwierigen Lebenslagen, Hausmeister als Ansprechpersonen, die für Konfliktintervention geschult sind.

Es ist eine Illusion, dass die Wohnungswirtschaft ohne Rendite funktioniert. Der öffentliche Wohnungsbau benötigt Geld für Modernisierung, soziale Maßnahmen und für den Neubau. Das Geld für Investitionen in den Wohnungsbau muss irgendwo herkommen. Die Miete muss so bemessen sein, dass die Bau- und Unterhaltungskosten gedeckt und für nötige Reparaturen Rücklagen gebildet werden. Schließlich wünschen sich die Mieter/innen Wohnqualität und die hat ihren Preis.

Natürlich ist die Mitbestimmung der Mieter/innen förderungswürdig und bei der jetzigen Rechtsform schon möglich. Die Politik macht seit Jahren Vorgaben, Mieterbeiräte zu bilden. Aber das Interesse der Mieter/innen ist sehr begrenzt, sich daran zu beteiligen. Es gibt in den landeseigenen Wohnungsbauunternehmen ein soziales Netzwerk für Mieter/innen, Beratung und Unterstützung bei Fragen, die mit Wohnen und Wohnumwelt zu tun haben, in der Form von Quartiersmanagement, das in Berlin weit entwickelt ist. Diese Einrichtung ist senatsfinanziert und wir arbeiten mit den Quartiersmanagern zusammen. In Berlin ist es gelungen, durch die Einrichtung von Quartiersmanagement soziale Probleme in den jeweiligen Stadtteilen zu erfassen und mit den Bürger/innen gemeinsam zu Lösungen zu kommen.

Räumungsklagen sind das allerletzte Mittel, vorher müssen andere Schritte versucht werden. Man muss jedoch einräumen, dass manche Menschen beratungsresistent sind und sich unsozial verhalten. Das hinzunehmen und zu verteidigen, wäre falsch. Irgendwann muss zum Wohl der Allgemeinheit konsequent gehandelt werden. Daher dürfen Zwangsräumungen als das letzte Mittel nicht ausgeschlossen werden.

Zum Volksentscheid: Es war wichtig, mit den Initiatoren ins Gespräch zu kommen. Der Diskussionsprozess führte dazu, dass eine überzeugende

Alternative entwickelt wurde, den öffentlichen Wohnungsbau unverzüglich auszuweiten und verträgliche Mieten zu sichern. Schließlich sind in Berlin vor etwa zwölf Jahren gravierende Fehler in der Wohnungspolitik gemacht worden, wie der Verkauf fast eines Viertels des landeseigenen Wohnungsbestandes. Das hat auch einen Stellenabbau bei den landeseigenen Wohnungsbauunternehmen zur Folge gehabt.

Wir haben inzwischen eine andere Zeit. Vom Ausverkauf landeseigener Wohnungen sind wir meilenweit entfernt. Der große Fehler nach der Jahrtausendwende war, alles Mögliche an staatlichem Eigentum zu privatisieren, das war damals die herrschende Denkweise. Das hat nicht nur den kommunalen Wohnungsbau betroffen, sondern auch die Energie- und Wasserversorgung. Sarrazin als Finanzsenator hat diese Politik vorangetrieben. Inzwischen hat sich die Denkweise geändert und politisches Ziel ist, den Bestand an öffentlichem Wohnungsbau um 100.000 Wohnungen zu erhöhen, also eine Gesamtzahl von 400.000 zu erreichen.

Wir haben allerdings ein Einkommensproblem. Durch niedrige Mieten kann das Problem niedriger Löhne aber nicht gelöst werden. Das ist der falsche Weg und würde die Arbeitgeber ermuntern, Löhne zu drücken. Das niedrige Lohnniveau durch die Ausweitung prekärer, gering bezahlter Arbeit führt zu vielen sozialen Notlagen. Die Lösung kann nicht darin bestehen, dass die Steuerzahler/innen das ausgleichen. Andererseits wird eine Notlage der Mieter/innen, wie Verlust der Arbeit, berücksichtigt und nach einem Ausweg gesucht. Die Miete sollte ein Drittel des Einkommens nicht übersteigen. Wenn das der Fall ist, wird es erfahrungsgemäß für die Leute oft schwierig, die Miete aufzubringen, und sie brauchen dann Hilfe und Unterstützung.

Fazit: Inhalte einer sozialen Wohnungspolitik

- Als Leitgedanke für Wohnpolitik in Berlin eignet sich, dass die soziale Entmischung der Stadt zu verhindern ist.
- Durch eine Ausweitung des sozialen Wohnungsbaus muss dazu beigetragen werden, ausreichend bezahlbaren Wohnraum zu schaffen, wegen des unerwartet hohen Bevölkerungsanstiegs über die geforderten 100.000 Wohnungen hinaus. Der durch Privatisierung reduzierte Bestand an Wohnungen im Besitz der öffentlichen Wohnungsbaugesellschaften von 285.000 muss wieder erhöht werden. Vorläufiges Ziel: 400.000, also 125.000 Wohnungen mehr.
- Der anhaltende Widerstand vieler Mieterinitiativen gegen eine weitere Erhöhung der Mieten ist ein Signal, dass die Mietspirale gestoppt werden muss und bezahlbare Mieten abgesichert werden. Für die Politik muss gelten: Dem Allgemeinwohl gebührt Vorrang gegenüber den Interessen privater Eigentümer. Erforderlich ist, dass die Umwandlung der Mietwohnungen in Eigentumswohnungen, die dann zu erhöhten Preisen weitervermietet werden, nachhaltig und nicht nur auf fünf Jahre begrenzt wird. Das gilt auch für eine Begrenzung der Fremdnutzung. Also: Ausweitung der Milieuschutzgebiete und strikte Kontrolle, Eindämmung der Spekulation mit Immobilien. Letzteres erfordert eine bundesweite Regelung im Rahmen wirtschaftlicher Strafgesetzgebung.
- Die öffentlichen Wohnungsbaugesellschaften müssen wirkungsvoll gegen Privatisierung abgesichert werden. Die Bindungen, die mit der staatlichen Förderung im Rahmen des sozialen Wohnungsbaus einhergehen (Mietpreis- und Belegungsvorgaben), dürfen nicht länger zeitlich befristet sein.
- Wohnen hat mit Menschenwürde zu tun, die laut Grundgesetz unantastbar ist, von daher begründet sich ein Menschenrecht auf eine Wohnung. Wohnungen sind keine Ware wie andere käufliche Dinge auf den Märkten, auch wenn für sie bezahlt werden muss, sondern das Zuhause von Menschen. Die Praxis der Zwangsräumungen ist gemessen am Gebot der Menschenwürde höchst bedenklich und muss überprüft und eingeschränkt werden.
- Eine schöne Wohnung und Wohnumgebung darf kein Privileg der Wohlhabenden sein. Gesundheit und Wohlbefinden haben auch mit der Wohnung und ihrer Umgebung zu tun. Es geht um folgende Aspekte:
    Erstens sind Wohnungsgröße (kein »Kaninchenstall«), Raumgestaltung, Helligkeit, Hygiene, Barrierefreiheit bei Behinderung und im Alter um so wichtiger, als der Anteil der Bevölkerung im Rentenalter weiter steigt.

Wohnen in Berlin

Zweitens geht es um die Infrastruktur im Quartier: also die ausreichende Versorgung durch Arztpraxen, Sozialstationen, Kindergärten und Spielplätze, Bildungs- und Beratungseinrichtungen, Kultur-, Freizeit- und Sportangebote, Einkaufsmöglichkeiten und Verkehrsanbindung, soziale Dienste für behinderte, kranke und alte Menschen.

Drittens sind ökologische Aspekte wichtig: die Ausstattung mit Gärten, Grünflächen, Parks, die Reduzierung des Energieverbrauchs und der Umweltbelastung und die Verhinderung von Verwahrlosung, z.B. durch Abfälle.

- Statt Verdrängung und Ausgrenzung sind Schutz und Integration derjenigen nötig, die sich am unteren Ende der sozialen Skala befinden. Für Obdachlose und für Menschen, die als Flüchtlinge zu uns kommen, werden sowohl geeignete Wohnmöglichkeiten als auch soziale Dienste, Bildungs- und Arbeitsmöglichkeiten gebraucht.
- Das Quartiersmanagement hat sich als Instrument für soziale Integration bewährt. Dessen Arbeit muss nachhaltig gefördert, ausreichend finanziert und so weiterentwickelt werden, dass noch mehr Menschen in ihrem Wohngebiet für eine Beteiligung in ihrem Gemeinwesen gewonnen werden. Demokratie braucht Beteiligung, da wo Menschen leben und arbeiten.

Soziale Spaltung durch ungleiche Bildungschancen – ungleiche Bildungschancen durch soziale Spaltung

Die Spree am Osthafen mit Skulptur

Soziale Spaltung durch ungleiche Bildungschancen

Die Kluft zwischen privilegierten und benachteiligten Kindern und Jugendlichen, zwischen guten und schlechten Entwicklungsmöglichkeiten, zwischen Bildungsgewinner/innen und -verlierer/innen wird in Deutschland immer größer. Während 61% der Befragten optimistisch in die persönliche Zukunft blicken, so das Ergebnis der jüngsten Shell Jugendstudie (Shell Deutschland Holding 2015) über die Stimmungslage unter den Jugendlichen in Deutschland, lautet die Kehrseite: 39% der Jugendlichen schätzen ihre persönliche Zukunft nicht optimistisch ein, sondern gemischt »mal so, mal so« oder erwarten eine eher düstere Zukunft.

So stark wie in kaum einem anderen Land Europas wirkt sich in Deutschland die soziale Herkunft auf den Bildungsweg von Kindern und Jugendlichen aus; das wird mit jeder Veröffentlichung von PISA-Ergebnissen (vgl. OECD 2004, 2014a und 2014b) immer wieder eindrücklich gezeigt (vgl. auch Schnitzlein 2013). Schüler/innen aus unteren sozialen Schichten haben es nicht nur schwerer, auf höher qualifizierende Schularten zu kommen, sondern sich auch dort zu halten. Bei der wachsenden Gruppe von Kindern aus Familien mit Einwanderungsgeschichte führen soziale und migrationsspezifische Faktoren zu deutlich geringeren Bildungserfolgen (siehe Capelle 2014). Trotz wirtschaftlichen Wohlstands bleibt ein beträchtlicher Teil der Kinder und Jugendlichen als Verlierer/innen zurück. »Die Schere geht immer weiter auseinander«, so die Vorsitzende der Arbeitsgemeinschaft für Kinder und Jugendhilfe (AGJ), Karin Böllert (Böllert 2014). Die jungen Geflüchteten werden die Gruppe der jungen Leute verstärken, die hier aufgewachsen sind – aus Familien mit oder ohne Migrationsgeschichte – und sich in erheblichen Risikolagen befinden, was ihre berufliche Zukunft und eine eigenständige Lebensführung betrifft.

Soziale Risiken

Laut Paritätischem Gesamtverband lebt in Berlin jedes dritte Kind von Hartz IV. 200.000 Berliner Kinder wachsen nach Angaben des Kinderschutzbundes unterhalb der Armutsgrenze[1] auf (Tagesspiegel 1.8.2015). Kinder aus Armutsverhältnissen haben geringere Bildungschancen und nehmen weniger am kulturellen und sozialen Leben teil. Ihre gesundheitlichen Risiken sind größer und sie können weniger auf die Unterstützung der Eltern bei der Bewältigung

---

[1] Nach der Definition der OECD sind diejenigen arm, die in Familien weniger als 60% des durchschnittlichen Netto-Einkommens zur Verfügung haben. Für einen Singlehaushalt z.B. sind das in Deutschland ca. 892 Euro.

schulischer Anforderungen zurückgreifen. Kinder aus unteren sozialen Schichten profitieren weniger von früher Förderung in der Kita, weisen häufiger Sprachdefizite bei der Einschulung auf und bringen schlechtere Bildungsvoraussetzungen mit. Während der Schulzeit Benachteiligungen aufzuholen, ist nur für wenige eine reale Chance. Risiken, die mit der sozialen Lage verbunden sind, wirken sich nachteilig auf die Bildungschancen und damit auf die berufliche Zukunft aus – und zwar dauerhaft: »Kinder und Jugendliche, die einmal abgekoppelt sind, haben kaum Chancen, in der Gesellschaft Fuß zu fassen« (Böllert 2014).

Die »Risiko-Hypothek«, die Kinder und Jugendliche aufgrund ihrer sozialen und familiären Situation tragen, wird in der Bildungsberichterstattung (Institut der Schulqualität der Länder Berlin und Brandenburg 2013) nach drei Risikolagen unterschieden:
a) dem sozialen Risiko (Erwerbslosigkeit beider Elternteile oder der/des Alleinerziehenden),
b) dem finanziellen Risiko (verfügbares Haushaltseinkommen liegt unter der Armutsgefährdungsschwelle) und
c) dem Risiko eines Elternhauses, in dem die Eltern keinen Berufsabschluss oder keine Hochschulreife erworben haben.

Der Anteil der Kinder, die von mindestens einer Risikolage betroffen sind, ist laut dem Bildungsbericht 2013 in Berlin mit 36% deutlich höher als beispielsweise in Brandenburg mit 25% (ebd.). Bei Familien mit Migrationshintergrund liegen alle drei Risikolagen häufiger vor als bei Familien ohne Migrationshintergrund. Das gilt insbesondere für das Risiko eines Elternhauses ohne qualifizierten Berufsabschluss oder Hochschulreife. Mit der Häufung von sozialen Risiken und Benachteiligungen wächst die Gefahr ungünstiger Bildungsverläufe und damit ungleicher Lebenschancen und umgekehrt: je geringer das Bildungs- und Ausbildungsniveau, desto größer die sozialen und beruflichen Risiken für die Zukunft.

Leben und Lernen im Stadtteil

In den Stadtteilen wirkt sich die soziale Lage der Menschen besonders auf die individuellen Bildungswege aus. Die Entwicklungsmöglichkeiten der Menschen hängen vom Geschehen in den Kitas, den Schulen oder beim Kinder- und Jugendschutz vor Ort ab. Wie Bildung und soziale Dienste organisiert sind, beeinflusst das Alltagsleben von Kindern, Jugendlichen und

Erwachsenen gleichermaßen. Das Recht auf Bildung muss für Kinder und Jugendliche sowie für Erwachsene gelten.

Hochwertige Bildungsangebote, Möglichkeiten zu sportlicher und kultureller Betätigung sowie gute Lernumgebung mit Betreuung sind besonders in jenen Stadtteilen wichtig, in denen Armut konzentriert vorkommt und die Kinder und Jugendlichen aufgrund vielfältiger Risikolagen in ihren Bildungsmöglichkeiten beeinträchtigt sind. Angesichts fehlender Gelegenheiten im familiären Umfeld ist es für sie umso wichtiger, Angebote im vertrauten Wohnumfeld nutzen zu können, die eine Auseinandersetzung mit eigenen Neigungen und Fähigkeiten – auch im weiten Vorfeld von beruflichen Optionen – ermöglichen. Kinder- und Jugendzentren, Jugendtheater sowie Nachbarschaftsheime bieten hierzu vielfältige Möglichkeiten, wie z.b. bildnerisches Gestalten, Tanz, Multimedia sowie die Mitwirkung in Musikbands. Um keine Gruppen auszugrenzen und mehr als nur punktuelle Effekte zu erzielen, kommt es darauf an, Lernräume systematisch sozialräumlich zu entwickeln. Damit eröffnet sich die Chance, Bildungsbiografien frühzeitig zum »Leben hin zu öffnen«.

Einen Mangel an öffentlichen Dienstleistungen im Bildungs- und Kulturbereich können arme Familien kaum auffangen. Das betrifft die Unterstützung beim Lernen für Kinder und Jugendliche wie auch die Pflege hilfsbedürftiger alter oder kranker Familienmitglieder. Insbesondere Frauen tragen die Last, das Fehlen öffentlicher Dienstleistungen neben ihrer Berufstätigkeit ausgleichen zu müssen. In vielen Bereichen fehlt es allerdings an gut ausgebildetem Personal, nicht nur in den Kitas, sondern auch in einem so wichtigen Bereich wie dem Kinder- und Jugendschutz. Die Berliner Jugendämter leiden nach wie vor unter knappen finanziellen Vorgaben bei gleichzeitiger Ausweitung des Aufgabengebietes. Angesichts der zusätzlichen Aufgaben durch die Flüchtlinge wird die Personallücke eher noch größer.

Wer als Kind und Jugendlicher im Bildungssystem gescheitert ist, braucht als Erwachsener eine zweite Chance. Zudem ist das lebensbegleitende Lernen zunehmend wichtiger geworden, um Lebensalltag und Berufstätigkeit zu bewältigen, aber auch um am sozialen und kulturellen Leben teilzunehmen. Gemeint sind Bibliotheken, Familienzentren und insbesondere die Berliner Volkshochschulen, die dafür gute Voraussetzungen bieten. Als öffentliche Bildungsstätten können sie auch für einkommensschwache Bürger/innen erschwingliche Bildungsangebote machen. Das setzt voraus, dass in der Erwachsenenbildung nicht immer höhere Gebühren für die Teilnahme an Kursen verlangt werden. Eine ausreichende Finanzierung der Volkshochschulen ist in Berlin wie anderswo ein Feld der Auseinandersetzungen.

Auf gezielte Bildungs- und Kulturangebote und die Infrastruktur sozialer Angebote kommt es an, um auch dort, wo schwierige soziale Problemlagen sich häufen, gegensteuern zu können. Zu konstatieren war in »sozial benachteiligten Quartieren eine Verwahrlosung des öffentlichen Raums – der Straßen, Plätze und Grünanlagen – sowie Defizite der sozialen Infrastruktur (...) Familien, die es sich leisten konnten, zogen aus diesen Gebieten weg, insbesondere, wenn ihre Kinder schulpflichtig wurden« (Senatsverwaltung für Stadtentwicklung und Umwelt 2015). Auf diese Entwicklung reagierte der Berliner Senat mit der Interventionsstrategie der sozialen Stadtentwicklung. Herzstück ist das Berliner Quartiersmanagement (siehe hierzu die ausführliche Darstellung im Kapitel »Wohnen in Berlin«).

Mit zahlreichen Förderprogrammen und -strategien der Europäischen Union, des Bundes und des Landes Berlin werden in der Stadt lebendige Quartiere erhalten. Es sollten Bedingungen geschafft werden, die die Menschen im Kiez unterstützen und stärken. Ziel ist »die Verbesserung der sozialen und stadträumlichen Infrastruktur. Besonderes Augenmerk wird auch auf die Themen Bildung, Arbeit, Nachbarschaft und Integration gelegt« (ebd.). Die soziale Stadtentwicklung ist ein Instrument, um problematische Entwicklungen, die die sozialen Teilhabechancen der Bewohner/innen vermindern, abzufedern und die Attraktivität von Quartieren, in denen es mehr soziale Benachteiligungen gibt, zu erhöhen.

Vielfalt im Stadtteil

Bildungs- und Kulturangebote bedeuten nicht nur mehr Lebensqualität für den einzelnen Menschen, sondern stärken auch den sozialen Zusammenhalt vor Ort. In der Volkshochschule treffen Menschen zusammen, kommen miteinander in Kontakt, z.B. beim Lernen der deutschen Sprache. Das wird in einem bemerkenswerten Film gezeigt, nämlich »Werden Sie Deutscher« (Dokumentation von Britt Beyer 2011), gedreht u.a. in der VHS Berlin Mitte in einem Integrationskurs. Solche Integrationskurse gibt es als Voraussetzung für die Einbürgerung in Deutschland seit 2005, mehr schlecht als recht finanziert vom Bundesinnenministerium. Menschen aus verschiedenen Herkunftsländern mit sehr unterschiedlichen Bildungsvoraussetzungen können sich hier die deutsche Sprache sowie Kenntnisse über die Stadt und das Land, in dem sie heimisch werden wollen, aneignen. Der Film gewährt einen Einblick in die Situation von Menschen, die aus einem anderen Land neu nach Berlin kommen, um hier zu arbeiten und zu leben. Da gibt es jede Menge Hürden zu nehmen, sei es der Umgang mit Behörden, sei es die andere Kultur. Zehn Monate lang begleitete die Filmemacherin die Frauen und Männer in einem Integrationskurs und zeigt, wie sie sich in Berlin zurechtfinden, wie sie miteinander lernen, wie sie Arbeit suchen und mit der deutschen Kultur vertraut werden. Ein Lehrstück, wie sich soziale Vielfalt in der Praxis abspielt, nämlich ganz und gar nicht reibungslos.

Die Qualität des Zusammenlebens zwischen unterschiedlichen Bevölkerungsgruppen deutscher und nichtdeutscher Herkunft wird zu einem wichtigen Bestimmungsfaktor für die Attraktivität und Lebensqualität in Berlin. Ihre Zukunft ist von der steuernden Gestaltung der Integration abhängig. Mit der integrierten Stadtentwicklung verfügt Berlin über ein Instrument, die Lebensbedingungen der Menschen in den Stadtteilen zu verbessern, Diskriminierungen durch das Wohnumfeld entgegenzuwirken und zur Stabilisierung von Kiezen beizutragen.

Den integrationspolitischen Anforderungen Berlins gerecht werden

Der Anteil der Bevölkerung mit Migrationshintergrund liegt in Berlin insgesamt bei 27% (siehe ISB 2013). 2007 hatten 39% der Bevölkerung unter 21 Jahren, also die Gruppe der Kinder und Jugendliche im bildungsrelevanten Alter einen Migrationshintergrund, 2012 bereits 43%. Die überwiegende Anzahl von Berliner Jugendlichen aus Familien mit Einwanderungsgeschichte kommt aus der Unterschicht. Die soziale Situation der Bevölkerung mit Migrationshintergrund hat sich seit der Wende verschärft. Viele Arbeitsplätze, die zu Zeiten der Mauer im Rahmen von Berlin-Subventionen für die Industrie entstanden waren, fielen nach der Wende weg. »In der Insellage West-Berlins konnte die türkische Bevölkerungsgruppe trotz vielfältiger Schwierigkeiten und Konflikte eine relativ gute Stabilisierung ihrer sozialen Position und Integration erreichen.« (Ehrenberg/Kruse 2000) Die Abschaffung der Berlin-Subventionen nach 1990 hat viele Branchen, in denen Migranten/innen beschäftigt waren, zu Betriebsschließungen und Verlagerungen veranlasst. In der Konkurrenz auf dem Arbeitsmarkt konnten viele arbeitslos gewordene Migranten/innen aufgrund fehlender beruflicher Qualifikationen nicht mithalten. Dies führt heute in Teilen der Innenstadt zu einer räumlichen Konzentration von Armutsrisiko, Migrationshintergrund und beruflicher Perspektivlosigkeit.

Ungleiche Bildungschancen durch soziale Spaltung 93

Betrachtet man die einzelnen Bezirke, so ergibt sich ein differenziertes Bild: Im Bezirk Mitte liegen die Anteile von Kindern und Jugendlichen aus Familien mit Migrationsgeschichte unter 21 Jahre am höchsten: Bei den Kindern unter sechs Jahren liegt der Anteil bei 68%, von sechs bis unter 15 Jahren bei 75% und von 15 Jahren bis unter 21 Jahren bei 54%. Treptow-Köpenick hat mit 15%, 17% und 12% jeweils die geringsten Anteile (alle Angaben ISB 2013). Schwerpunktmäßig wohnen Kinder und Jugendliche mit Migrationshintergrund in innerstädtischen Quartieren und in Teilen von Spandau.

Bis heute ist es trotz umfassender Reformversuche des Schulsystems nicht gelungen, die Bildungsproblematik bei Einwandererkindern, die sich lange angekündigt hat, wirksam in den Griff zu bekommen. Hierbei wirkt sich aus, dass noch bis Anfang 2000 die Auffassung herrschte, dass Deutschland kein Einwanderungsland sei und daher keine Integrationskonzepte und -angebote brauche. Erst der Bericht der vom Bundesinnenminister einberufenen Kommission »Zuwanderung« aus dem Jahr 2001 markiert die Abkehr von der jahrzehntelang in der Ausländerpolitik gültigen Maxime.

Das Thema Integration bekam bei der zweiten und dritten Generation der Zuwanderer/innen eine besondere Brisanz, da selbst bei den in Deutschland geborenen und schulisch sozialisierten Kindern aus Familien mit Einwanderungsgeschichte Segregations- und Ausgrenzungstendenzen unübersehbar waren – eine Folge fehlender Integrationsangebote der vergangenen Jahrzehnte. »Dies hängt damit zusammen, dass die Theorien zur Eingliederung von Migranten immer davon ausgingen, dass sich im Laufe der zweiten Generation eine merkliche Angleichung von Verhaltensweisen und ökonomischem Status quasi automatisch ergibt. Nach den bisherigen Erfahrungen mit der Zuwanderung seit den 60er Jahren können wir diese Annahme nicht mehr bedenkenlos teilen.« (Kapphan 1999) Im Gegenteil: Die Offenheit einer Gesellschaft und konkrete Angebote, beruflich und sozial Fuß zu fassen, sind die zentralen Voraussetzungen für berufliche und soziale Integration. Nicht zuletzt stand die sich abzeichnende gesellschaftliche Realität mit dem Grundgesetz immer stärker im Widerspruch. Artikel 3 des Grundgesetzes (GG) schreibt die Gleichbehandlung als Grundrecht[2] auch im Hinblick auf Bildung und den Arbeitsmarkt fest. Das ausdrückliche Diskriminierungsverbot verpflichtete mehr denn je zu einem Wechsel in der Integrationspolitik.

---

[2] Nach Art. 3 Abs. 3 Satz 1 GG ist jede Diskriminierung aufgrund des Geschlechts, der Abstammung, der Rasse, Sprache, Heimat und Herkunft, aufgrund des Glaubens sowie der religiösen oder politischen Anschauung verboten.

Mit dem 2005 vom Berliner Senat beschlossenen Integrationskonzept ist der Grundstein für eine Politik gelegt worden, den migrations- und integrationspolitischen Anforderungen gerecht zu werden. (Der Beauftragte für Integration und Migration 2005) Dennoch steigt der Problemdruck angesichts fortschreitender Segregationstendenzen an Berliner Schulen und Diskriminierungstendenzen von Schulabgängern/innen mit Migrationshintergrund auf dem Ausbildungs- und Arbeitsmarkt (siehe SVR-Forschungsbereich 2014). Die Suche nach einer guten Qualifizierungs- und Berufsperspektive stellt nach wie vor für viele – besonders für junge Migranten/innen – eine große Hürde dar. Selbst gute formale Voraussetzungen, die viele Jugendliche mitbringen, führen nicht in gleichem Maße in anspruchsvolle Ausbildungsgänge wie bei gleichqualifizierten deutschen Bewerber/innen.

2010 stellte Berlin als erstes Bundesland die Integrationspolitik auf eine gesetzliche Grundlage. Das Land Berlin setzte sich zum Ziel, Menschen mit Migrationshintergrund die Möglichkeit zur gleichberechtigten Teilhabe in allen Bereichen des gesellschaftlichen Lebens zu geben und gleichzeitig jede Benachteiligung und Bevorzugung gemäß Artikel 3 Absatz 3 Satz 1 des GG auszuschließen. Das »Gesetz zur Regelung von Partizipation und Integration in Berlin« zielt darauf ab, den öffentlichen Dienst und die landeseigenen Unternehmen für Beschäftigte mit Migrationshintergrund weiter zu öffnen. Unter anderem sollten Anforderungsprofile für Stellenbesetzungen so gestaltet werden, dass Zuwanderer/innen bessere Chancen bekommen.

Aktive Integrationspolitik bedeutet das Schaffen eines konsequent inklusiven Bildungswesens, das nicht aussortiert, sondern das gemeinsame Lernen einer vielfältigen Schülerschaft von der Kita über die Grundschule hinaus bis zum Schulabschluss fördert. Im Folgenden wird die Entstehung von Ungleichheit und Benachteiligung von der Kita über die allgemeinbildende Schule bis hin zur Berufsausbildung beleuchtet.

Sozialer Hintergrund und später Kitabesuch

Besonders benachteiligt sind Kinder, die erst im Alter von fünf Jahren in den Kindergarten gehen. Überproportional oft besuchen Kinder aus Familien mit Einwanderungsgeschichte, die zu Hause nicht deutsch sprechen, Tageseinrichtungen erst in einem höheren Alter. Sie kommen dann oftmals in die Schule, ohne die Unterrichtssprache richtig zu beherrschen. Besonders »alarmierend« ist der Befund im Bildungsbericht 2013, »dass bei 45% der schulpflichtigen Kinder mit Migrationshintergrund Sprachdefizite bestehen« (ISB 2013). Besuchen sie eine Kita ab einem Alter von drei Jahren, bestehen hingegen kaum noch Unterschiede.

Die frühkindliche Erziehung in den Kitas, die bei guter Qualität nachweislich die Bildungsverläufe und die soziale Entwicklung positiv beeinflusst, ist in den Berliner Stadtteilen deutlich ausgebaut worden. Weniger erfreulich ist die Bilanz bei der Versorgung mit Krippenplätzen. Dennoch ist ein gutes Kita-Angebot nicht ausreichend, solange nicht alle Kinder genügend gefördert werden. Es bedarf vertrauensbildender Maßnahmen gegenüber skeptischen Eltern und gezielter Überzeugungsarbeit, dass die Kita für den späteren Bildungsweg wichtige Voraussetzungen schafft. Besonders in einkommensschwachen Familien mit arbeitslosen Müttern oder Vätern werden Kinder zu Hause betreut und damit von der Kita ferngehalten.

Zum anderen ist problematisch, dass keineswegs alle Kinder im Anschluss an die Kita einen Anspruch auf einen Ganztagsplatz in der Grundschule haben. Zurzeit wird in Berlin eine »Bedarfsprüfung« erstellt, die zur Folge hat, dass die Kinder nichterwerbstätiger Eltern in der Regel von diesem Bildungsangebot ausgegrenzt werden. Das heißt, dass Kinder besonders betroffen sind, deren Eltern zu den Risikogruppen am Arbeitsmarkt gehören und mangels eigener Bildung zu Hause wenig für die Bildung ihrer Kinder tun können. Die inzwischen vom Bundesverfassungsgericht zurückgenommene »Herdprämie« wurde als Kita-Verhinderungsprämie heftig kritisiert. Damit Kinder bessere Bildungschancen erhalten als ihre Eltern, gut Deutsch lernen und bei der Einschulung auf das gemeinschaftliche Lernen in der Schule vorbereitet sind, bedürfen sie einer gezielten und hochwertigen Förderung vor Schuleintritt, um soziale Schranken nicht weiter zu zementieren.

Versorgung mit Kitas in den Stadtteilen

Der Berliner Senat hat 2012 erstmals einen Bedarfsatlas für das Kita-Ausbauprogramm in Berlin erstellt (siehe Senatsverwaltung für Bildung, Jugend und Wissenschaft 2015a) und schreibt diesen jährlich fort. Damit wird die Versorgungslage transparent. Die meisten Plätze fehlen in den Ost-Bezirken, vor allem in Treptow-Köpenick, Lichtenberg und Marzahn-Hellersdorf. Für sie wurde eine Unterausstattung mit Kita-Plätzen bei steigenden Kinderzahlen festgestellt. Das hängt damit zusammen, dass junge Familien aus verschiedenen Gründen verstärkt in Außenbezirke ziehen. Zum einen ist dies der Verdrängung aus teuren

Innenstadtlagen geschuldet, zum anderen gibt es bei Familien mit kleinen Kindern einen Drang ins Grüne und bei manchen, die es sich leisten können, den Wunsch nach einem bezahlbaren Eigenheim. 2014 standen für 136.692 Kinder 142.000 Plätze zur Verfügung, daher war von einem »Puffer von rund 5.000 Plätzen« die Rede, dennoch fehlten in bestimmten Stadtteilen Plätze, inzwischen vor allem in Friedrichshain-Kreuzberg und Neukölln.

Der Senat plant, die Zahl der Kita-Plätze um weitere 10.000 zu erhöhen. In den Kitas soll der Betreuungsschlüssel bei unter Dreijährigen schrittweise verbessert werden. Im Berliner Doppelhaushalt 2016/2017 sind für 2016 22,5 Millionen Euro und in 2017 weitere 49 Millionen Euro (2017) für den Ausbau der Kita-Plätze eingeplant. Der Besuch der Kita soll schrittweise vollständig gebührenfrei werden. 2016 wird ein viertes Kita-Jahr kostenfrei sein, 2017 ein weiteres. Die Kosten für den Landeshaushalt liegen bei 13 Millionen Euro (2016) und 40,5 Millionen Euro (2017).

Der Berliner Senat hatte 2012 einen Versorgungsgrad von 95% als Ziel formuliert, ausgehend von etwa 90% im Jahr 2012. Geplant war, bis Ende 2015 insgesamt 19.000 zusätzliche Plätze zu schaffen, davon sollen etwa 11.000 über ein Landesprogramm und weitere 8.000 über Bundesmittel finanziert werden (Berliner Zeitung vom 7.7.2012). Sinnvoll wäre, allen Kindern das Recht auf einen ganztägigen Kita-Platz bis zum Schuleintritt zu gewähren und dafür die Voraussetzungen zu schaffen. So fordert die GEW Berlin, dass alle Eltern spätestens zum ersten Geburtstag ihres Kindes einen Kita-Gutschein für einen Ganztagsplatz erhalten, anstatt sie durch ein bürokratisches Anmeldeverfahren abzuschrecken. Werbung für Kitas, mehr Unterstützung und Aufklärung der Eltern bei der Erziehung der Kinder sind dringliche Aufgaben, dafür müssten die Familienzentren ausgebaut werden. Ergänzen lässt sich, dass auch der regionale sozialpädagogische Dienst besser ausgestattet werden muss.

In den letzten Jahren hat durch die Einführung des Berliner Bildungsprogramms für Kitas und Kindertagespflege zweifellos eine positive Entwicklung stattgefunden, wenn auch weitere Herausforderungen zu bestehen sind: der Fachkräftemangel, die unzureichende Personalausstattung und die große Gefahr, dass die derzeitige pädagogische Qualität, verschlechtert statt verbessert wird. Dringende Aufgabe ist es, wirkungsvolle Maßnahmen gegen den Fachkräftemangel durch die Steigerung der Attraktivität des Berufes zu ergreifen und die Personalausstattung in den Kitas zu verbessern. Gute Kitas brauchen gut ausgebildetes Personal.

Konzentration von Armutsrisiken an Schulen

Berlinweit lebt knapp ein Drittel aller Schüler/innen (31,6%) in Haushalten, die Hartz IV beziehen (Senatsverwaltung für Bildung, Jugend und Wissenschaft 2015c), in den öffentlichen Schulen liegt der Anteil sogar noch darüber (34,1 %). Entsprechend gering ist der Anteil in den Privatschulen (9,1%), die zurzeit an Gewicht in der Berliner Schullandschaft gewinnen. An manchen Schulstandorten sind 90% der Eltern »von den Zuzahlungen zu den Lernmitteln befreit« (lmb-Faktor), wie es in der Behördensprache heißt. Das bedeutet, dass in diesen Schulen nur zehn Prozent der Eltern einer regelmäßigen Erwerbstätigkeit nachgehen, die zur Bestreitung ihres Lebensunterhalts ausreicht. Das Einkommen, das durch Berufstätigkeit erzielt wird, reicht oft nicht zum Leben aus. Ohne dass sie arbeitslos sind, verfügen fast 23% der Gropiusstädter/innen über ein so geringes Familieneinkommen, dass ein Anspruch auf ergänzende Leistungen zur Existenzsicherung nach Hartz IV besteht (Kohlmeyer/Kruse 2012).

Der Anteil von Schülern/innen, die von der Zuzahlung zu den Lehrmitteln befreit sind, unterscheidet sich stark nach Schulart: Während dies in den Gymnasien 14,5% betrifft, sind es in den Schulen für Sonderpädagogik über 60%. In den im Rahmen der Schulreform zur Integrierten Sekundarschulen (ISS) zusammengelegten Schulformen Haupt- und Realschule, in denen der größte Teil der Schüler/innen die allgemeinbildende Schule durchläuft und abschließt, kommen knapp 40% (bezogen auf öffentliche ISS sogar mehr als 40%) aus Familien, die ihren Lebensunterhalt aus Hartz IV bestreiten.

Die Armutsproblematik konzentriert sich vor allem auf jene Stadtteile, in denen die Mehrheit der Kinder von Hartz IV leben, in Nord-Neukölln sogar 75% von ihnen. Der Anteil von Schülern/innen mit Lehrmittelfreiheit in den Integrierten Sekundarschulen reicht von 10,7% in Steglitz-Zehlendorf und bis zu 55,5% in Neukölln.

Für Mädchen oder Jungen in Risikolagen bedeutet dies häufig, dass ihr Weg sehr früh – oft bereits nach der Grundschule – in eine Sackgasse mündet, abhängig davon, welche Schulform sie weiter besuchen. Jugendliche mit Migrationshintergrund – so der Sachverständigenrat deutscher Stiftungen für Integration und Migration in seinem aktuellen Policy Brief – besuchen »deutlich häufiger eine sog. segregierte Schule (...), an der mehrheitlich Zuwanderer und sozial benachteiligte Schüler lernen« (SVR-Forschungsbereich 2016: 6). An diesen Schulen konzentrieren sich die Problemlagen auch anderer Schüler/innen mit sozialen Risiken. Eltern, die dazu in der Lage sind,

Abbildung 1: Anteil der Schüler/innen in den Integrierten Sekundarschulen mit einer Lernmittelbefreiung in den Berliner Bezirken (Schuljahr 2014/2015)

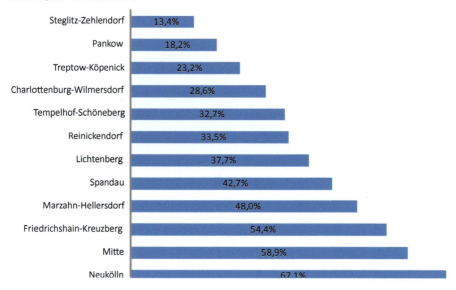

kehren unzureichend ausgestatteten Schulen den Rücken, wodurch sich die Situation weiter verschlechtert. Auf der anderen Seite steigt der Anteil von Kindern, der private Schulen besucht. Die Zahl von Schülern/innen einer allgemeinbildenden Privatschule liegt in Berlin 2014 schon bei 11,7%, bei Schülern/innen nichtdeutscher Herkunftssprache bei 5,9%. Dies ist Ausdruck sozialer Selektion zugunsten bildungsstarker Bevölkerungsteile, die sich ein höheres Leistungsniveau und von sozialen und ethnischen Problemen weit weniger geprägtes schulisches Umfeld versprechen. Ein gutes Beispiel hierfür ist zurzeit der Grundschulbereich: Obwohl in Berlin verbindliche Schulbezirke bestehen, wird von den Schulämtern eine »erhebliche Kreativität der Eltern bei der Vermeidung ungeliebter Schulen« beobachtet. (Gaschke 2016)

Um die soziale Ungleichheit bei Schülern/innen zu verringern, begann der Senat Anfang 2015 damit, die Schulen in sozial schwierigen Lagen mittels des »Bonusprogramms« zu unterstützen: »Damit alle Berliner Schulen ihre Schülerinnen und Schüler optimal fördern und zu bestmöglichen Ergebnissen führen können, erhalten Schulen mit einer hohen sozialen Belastung zusätzliche Mittel. Die Schulen können mit eigenen kreativen Ideen die Zulagen des Bonus-Programms einsetzen und ihre Schule mit viel Engagement weiter entwickeln.« (Senatsverwaltung 2015b) Das entscheidende Kriterium für die Aufnahme einer Schule in das Bonus-Programm ist der Anteil von über 5% der Schüler/innen, deren Eltern von der Zuzahlung zu den Lernmitteln befreit sind. Über 200 Schulen können mit bis zu 100.000 Euro im Jahr eigenverantwortlich neue Wege gehen oder Bewährtes ausbauen. Der Senat musste das Programm um 1,63 Mio. Euro auf 16,63 Mio. Euro pro Jahr aufstocken, weil die Anzahl der Schulen, die dieses Kriterium erfüllen, gestiegen ist. Das Beispiel zeigt zum einen die große Konzentration von sozialen Risiken an den unterschiedlichen Standorten, zum anderen drückt es die Erkenntnis aus, dass eine gezielte und das heißt ungleiche Förderung der Schulen erforderlich ist.

Grundschule: Kiezschule für alle?

Die Aufnahme von Schülern/innen in die Grundschule geschieht nach Bezirkszugehörigkeit. Sie berücksichtigt die Wohnortnähe und soll die soziale Selektion verhindern, indem Eltern ihr Kind nicht an Schulen mit vermeintlich besseren Lernbedingungen anmelden können. Eine Ausnahme bilden die Privatschulen, die inzwischen bereits 11,7% aller Schüler/innen in Berlin beschulen.

Trotz des Wohnortprinzips macht sich auch hier die soziale Spaltung geltend. Der Schulleiter der Kurt-Schumacher-Grundschule im nordwestlichen Rand von Kreuzberg: »Wir hatten noch Mitte der 90er Jahre eine 50/50-Prozent-Mischung, und die haben wir eben nicht mehr. (...) Und jetzt haben wir gut 90% Kinder mit Migrationshintergrund.« (Deutschlandfunk: Den Deutschen fehlen Fachkräfte. Hintergrundbeitrag vom 3.3.2015) Die Kurt-Schumacher-Grundschule hatte einst 570 Schüler/innen, jetzt sind es 250. Auch wenn um jede/n Schüler/in gekämpft wird, viele Eltern schrecken vor einem hohen Anteil von Schüler/innen mit Migrationshintergrund zurück, auch türkische und arabische Eltern. 100 Schüler/innen werden angemeldet, nur die Hälfte will bleiben. Die Initiative »Kiezschule für alle« zielt darauf ab, Eltern zu überzeugen, die Schulen in ihrem Viertel zu nutzen, und hält dagegen: »Kaum jemand möchte noch aus dem Kiez wegziehen, wir haben tolle Kinderläden und immer größer werdende Freundschaftsnetzwerke. Der Aufwärtstrend ist überall spürbar. Auch die Schulen werden immer besser. Man weicht nicht mehr auf Privatschulen oder andere Schulen in Tempelhof, Britz etc. aus.«

Zur Verhinderung der sozialen Spaltung schlägt Thomas Groos vom Zentrum für interdisziplinäre Regionalforschung der Ruhr-Universität Bochum in einem Gutachten der Bertelsmann-Stiftung vor (Groos 2015), die soziale Struktur der Schulen über einen sogenannten Sozialindex transparent zu machen: Dieser bildet ab, »wie viele Eltern mit niedriger Bildung es dort gibt, wie viele Väter arbeitslos sind, wie viele Kinder einen Migrationshintergrund haben, wie viele Kinder nicht bei den leiblichen Eltern leben und wie kinderreich die Familien sind. Das sagt nichts darüber aus, wie gut die Lehrer an der fraglichen Schule arbeiten. Eher darüber, wie schwierig ihre Aufgabe ist.« (ebd.) Dann könnten benachteiligte Schulen in sozialen Brennpunkten besser ausgestattet werden, etwa mit mehr Lehrer/innen, einem verbindlichen Ausbau der Ganztagsbetreuung und mehr Unterstützung bei der Inklusion von behinderten Kindern und Integration von Kindern aus Familien mit Einwanderungsgeschichte. Damit könnten diese Schulen so gut werden, »dass ihre Qualität auch bildungsaffine Eltern überzeugt«. Die Aufnahme in die weiterführende Schule folgt dem Grundsatz der Elternwahlfreiheit.

Entkoppelung von Lernerfolg und sozialem Hintergrund

Das große Berliner Reformprojekt ist die Gemeinschaftsschule, die es auch in anderen Bundesländern gibt, oft unter anderem Namen, in Hamburg z.B. als Stadtteilschule. Sie soll »eine Schule für alle« sein und zu mehr Chancengleichheit und -gerechtigkeit, unabhängig von den Voraussetzungen der Kinder und Jugendlichen, führen. Die Prinzipien sind gemeinsames Lernen aller Schüler/innen ohne Einteilung nach ihrer Leistungsstärke und Binnendifferenzierung. Starke und Schwache bleiben in einer Klasse, bekommen aber leistungsgerechte Aufgaben gestellt. (vgl. SenBJW 2015)

Inzwischen gibt es 22 Berliner Gemeinschaftsschulen (Herbst 2014), von denen aber nur neun die Klassen 1 bis 13 umfassen. Das langsame Vorangehen dieses Projektes ist nicht das Problem, darin stecken viel Arbeit und Engagement. Gravierender ist, dass »eine Schule für alle« ein Traum bleibt, solange es weiterhin die Gymnasien gibt und Kinder auseinandersortiert werden. In Berlin werden die Kinder immerhin erst nach der sechsten Klasse getrennt, auf Elternwunsch und bei guten Leistungen können sie allerdings schon nach der vierten Klasse die Gemeinschaftsschule bzw. Grundschule im Stadtteil verlassen und in ein mehr oder weniger renommiertes Gymnasium überwechseln.

Dass Gemeinschaftsschulen erfolgreich sein können, belegt die wissenschaftliche Begleitung der Universität Hamburg, die »deutlich überdurchschnittliche Lernzuwächse der Schülerinnen und Schüler aus den drei Berliner Gemeinschaftsschulen mit einem hohen Anteil an Schülerinnen und Schülern aus benachteiligten Sozialmilieus« (Broens/Brümmer u.a. 2013) konstatiert. Sie konnten bemerkenswerte kompensatorische Fördererfolge nachweisen. Daher ist es wünschenswert, dass die Gemeinschaftsschulen ausgebaut werden und der Zweiteilung des Schulsystems mit ihren selektiven Folgen entgegengewirkt wird.

Auch das Programm der »Inklusiven Schule« zur Umsetzung der UN-Konvention über die Rechte von Menschen mit Behinderungen zeigt Erfolge, die der sozialen Benachteiligung entgegenwirken. In den Schulen werden mehr und mehr Kinder mit und ohne Handicap gemeinsam unterrichtet, so eine Studie (siehe Klemm 2015), in der Berlin für seine Inklusionsanstrengungen gelobt wird. Der Inklusionsanteil an den Regelschulen stieg von 38,8% auf 54,5% (Stand 2013/14) (Tagesspiegel vom 3.9.2015). In den 1970er Jahren, so ist dem Dokumentarfilm von Helga Reidemeister über das Märkische Viertel[3] zu entnehmen, haben 16% der Berliner Kinder Förderschulen besucht. In der befragten Familie haben alle vier Kinder eine Förderschule besucht. Inzwischen ist der Anteil der Kinder in Förderschulen in Berlin gegen den Bundestrend von 4,4 auf 3,4% gesunken und hat damit den geringsten Anteil von Schülern/innen in dieser Schulform. Allerdings kann die Abschaffung der Förderschule nur dann ein Gewinn sein, wenn sich die Schüler/innen im inklusiven Feld besser entwickeln können. Hierzu bedarf es einer Binnendifferenzierung, die die starken und schwachen Schüler/innen in gleicher Weise fördert.

Allgemeinbildende Schulen: Leichte Verbesserung der Schulabschlüsse

Hinsichtlich der Qualität der Schulabschlüsse aus den allgemeinbildenden Schulen gab es in den letzten Jahren insgesamt positive Entwicklungen. Bei sinkender Gesamtzahl der Abschlüsse verfügten über 42,2% (Senatsverwaltung für Bildung, Jugend und Wissenschaft 2015d: 59/60) der Schulabgänger/innen der allgemeinbildenden Schulen am Ende des Schuljahrs 2013/14 über ein Abitur. Die Zahl derjenigen, die die allgemeinbildenden Schulen

---

[3] »Von wegen Schicksal«, »Der gekaufte Traum«, Dokumentarfilme von Helga Reidemeister, 1979.

Tabelle 1: Schulabgänger/innen des Schuljahres 2013/14 aus öffentlichen und privaten Schulen, nach Schulart und Qualifikation in Prozent

	insgesamt	Ohne Abschluss	Berufsbildungsreife	Erweiterte Berufsbildungsreife	Mittl. Schulabschluss	Abitur (auch FH)
Alle %	100	8,7	6,6	8,1	34,3	42,2
nicht-deutscher Herkunftssprache %	100	14,3	9,2	12,5	35,9	28,1

Quelle: Senatsverwaltung für Bildung, Jugend und Wissenschaft (2015e), Blickpunkt Schule 2014/2015

ohne Abschluss verließen, sank nur leicht von 9,2% im Schuljahr 2010/11 auf 8,7% in 2013/14. Zugleich nahm der Anteil der Schulabgänger/innen, die die Berufsbildungsreife (vergleichbar mit dem ehemaligen Hauptschulabschluss) erwarben, von 6,9% in 2010/11 auf 6,6% in 2013/14 ab.

Insgesamt besaßen über 76,5% der 27.772 Schulabgänger/innen der allgemeinbildenden Schulen einen Mittleren Schulabschluss oder ein Abitur (im Vergleich 2010/11: 71,9%). Ein knappes Viertel der Schulabgänger/innen verließ die Schule ohne Schulabschluss oder lediglich mit der einfachen oder erweiterten Berufsbildungsreife (2010/11: 28,1%). Damit zeigt sich ein klarer Trend zu höheren Abschlüssen.

Auch die Schulabschlüsse der Schüler/innen nichtdeutscher Herkunftssprache haben sich verbessert. Im Schuljahr 2013/14 besaßen fast zwei Drittel von ihnen (64,0%) einen Mittleren Schulabschluss oder das Abitur (Tab. 1). Zum Vergleich: im Schuljahr 2010/11 waren es 57,6%. Negativ hingegen ist, dass im Berichtsjahr 8,7% aller Schüler/innen ohne Abschluss die Schule verließen. Ebenfalls große Unterschiede gibt es zwischen Kindern mit deutscher und nicht-deutscher Herkunftssprache: Während 8,7% der Jugendlichen mit Deutsch als Muttersprache keinen Abschluss schafften, waren es unter denen mit einer anderen Herkunftssprache 14,3%. 23,5% der Schulabgänger/innen nichtdeutscher Herkunftssprache (2.003 von 8.533) verließen die Schule ohne Abschluss oder nur mit einer einfachen Berufsbildungsreife.

Während die Abschlüsse insgesamt besser wurden, bleiben wichtige Teile der Schüler/innen weiter zurück. Es entsteht eine immer stärkere Polarisierung in eine größere Gruppe von Gewinner/innen und eine kleinere, aber starke Gruppe von Verlierer/innen, die sich sozialräumlich und schulisch konzentrieren und nicht imstande sein werden, ihren Lebensunterhalt mit eigener Arbeit zu verdienen. Abbildung 2 zeigt, dass die Absolventen/innen

Ungleiche Bildungschancen durch soziale Spaltung

Abbildung 2: Anteil der Schulabgänger/innen ohne Abschluss in den Berliner Bezirken (Schuljahr 2014/2015)

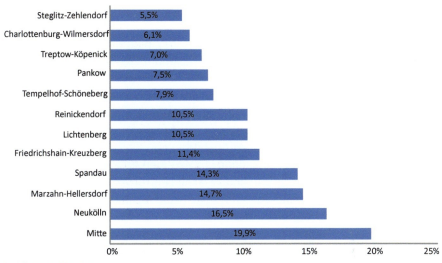

Quelle: SenBJW 2015

ohne Abschluss in Steglitz-Zehlendorf bei 5,5% liegen und im Bezirk Mitte bei 19,9%. Vielen dieser jungen Menschen werden ihr Leben lang jegliche Chancen und Entwicklungsmöglichkeiten einer modernen Wissensgesellschaft versagt bleiben.

Übergang Schule-Beruf: Entscheidend für die Verteilung von Berufs- und Teilhabechancen

Da Erwerbsarbeit der Schlüssel für gesellschaftliche Teilhabe ist, lohnt es vor allem, den Zusammenhang zwischen Bildung und Beschäftigung näher zu betrachten: Menschen mit höherem Schulabschluss haben ein deutlich geringeres Risiko, arbeitslos zu sein, als Menschen mit niedrigem Abschluss. Auch erzielen sie in ihren Jobs ein wesentlich höheres Einkommen.

Einen neuralgischen Punkt in der Chancenverteilung bildet der Zugang zum Ausbildungs- und Arbeitsmarkt nach der allgemeinbildenden Schule. Der Schulabschluss und die Zeugnisnoten sind nicht allein ausschlaggebend für den Erfolg im Übergang von der Schule in den Beruf. Die Entwicklung tragfähiger beruflicher Perspektiven scheint an den sich herausbildenden »segregierten Schulen« besonders schwierig. Dort bündeln sich Problemlagen und Risiken, die weit über Schulleistungen hinausgehen. Einmündung in Ausbildung stellt dort eine seltene Ausnahme dar. Auch wenn sich bei Kindern aus Familien mit Einwanderungsgeschichte das Bildungsniveau insgesamt verbessert hat, sieht es an diesen Schulen besonders schlecht aus. Der Mehrheit gelingt es nicht, nach dem Ende der Pflichtschulzeit einer beruflichen Ausbildung nachzugehen. Mit Ausnahme weniger Absolventen/innen, für die sich eine Ausbildung anschließt, verbleibt die Mehrheit im Übergangssystem, d.h. sie mündet in Bildungsangebote, die nicht zu einer qualifizierten Berufsausbildung mit einem anerkannten Ausbildungsabschluss führen.

In Berlin haben 16 der 128 Sekundarschulen einen Anteil von 75% Schülern/innen mit Migrationshintergrund und 75% mit Lehrmittelbefreiung. Genau an diesen Schulstandorten sind die Übergänge in die Ausbildung direkt nach der Schule sehr gering. Erfolgreiche Einmündungen in die Ausbildung stellen eine Seltenheit dar. Sie werden für die ISS im Bezirk Mitte auf unter 10% geschätzt. Eine offizielle Übergangsstatistik für den Verbleib von Schulabgänger/innen gibt es nicht (siehe Vieth-Entus 2015). Über die Hälfte der Abgänger/innen in Mitte sind arbeitslos oder besuchen Maßnahmen, die nicht in einen Berufsabschluss oder weiterführenden Bildungsabschluss münden. Damit ist besonders die Situation eines großen Teils junger Migranten/innen durch wachsende Segregation und Problemkonzentration gekennzeichnet.

Hintergrund sind schlechte oder fehlende schulische und berufliche Abschlüsse, Lernprobleme, oft verknüpft mit Sprachschwierigkeiten (nicht nur bei ausländischen Kindern und Jugendlichen), soziale Probleme und unbewältigte Konflikte im privaten und schulischen Umfeld. Der Schulerfolg ist eng an die soziale Herkunft gekoppelt. Die Verteilung von Chancen verläuft entlang sozialer Grenzen, die eng mit Schule, Quartier und Migrationshintergrund verbunden sind. Über das Elternhaus oder das familiäre Umfeld wird vielen Kindern und Jugendlichen kein positives Bild von der Arbeitswelt vermittelt. Das Einkommen, das durch Berufstätigkeit erzielt wird, reicht für viele Eltern nicht zum Leben aus. Fehlende positive Erfahrungen und oftmals auch Vorbehalte gegenüber Berufsausbildung und handwerklicher Arbeit sind eine schwierige Ausgangslage in einer gesellschaftlichen Wirklichkeit, in der es Jugendliche mit Migrationshintergrund schwer haben, einen gleichberechtigten Zugang zum Ausbildungs- und Arbeitsmarkt zu finden. Angebote und Anknüpfungspunkte im Wohnumfeld sind nötig, um die Zugänge zu Bildung und Ausbildung für die dort aufwachsenden Jugendlichen zu verbessern.

Ungleiche Bildungschancen durch soziale Spaltung

Zurzeit wird in Berlin das Modell *Jugendberufsagentur (JBA)* eingeführt. Es handelt sich dabei um einen Ansatz, den Zugang von Jugendlichen in Ausbildung durch eine enge räumliche und personelle Zusammenarbeit zu optimieren und den Jugendlichen selbst eine einzige Anlaufstelle zu bieten. Zentral ist das Anliegen, dass die Zusammenarbeit über Rechtskreisgrenzen hinweg erfolgen soll. Neben dieser *operationellen Ebene* bedeutet dies auch die Konstruktion einer landesweiten JBA als Form von jugendgruppenorientiertes Übergangsmanagement, besonders der benachteiligten Jugendlichen. Der Aufbau der Jugendberufsagenturen beginnt in den vier Bezirken Friedrichshain-Kreuzberg, Marzahn-Hellersdorf, Tempelhof-Schöneberg und Spandau. Allerdings kritisiert der Berliner Beirat für Familienfragen zu Recht die Auswahl der Bezirke, denn die meisten arbeitslosen Jugendlichen leben in Mitte und Neukölln. In Berlin waren im März 2015 insgesamt 16.113 Arbeitslose zwischen 15 und 25 Jahren registriert. Knapp ein Drittel davon lebt in Neukölln und Mitte. Ziel ist es, die Jugendarbeitslosigkeit zu senken, die in Berlin bei 10,3% liegt – der zweithöchste Wert in Deutschland nach Mecklenburg-Vorpommern.

So gravierend die Folgen der Arbeitslosigkeit für die Jugendlichen sind, so immens sind die Aufgaben, die im Land Berlin beim Übergang Schule-Beruf zu bewältigen sind. Rund 75% der jungen Arbeitslosen haben keine abgeschlossene Ausbildung, so Arbeitssenatorin Dilek Kolat. »Kein Jugendlicher darf durchs Raster fallen. Unversorgte Jugendliche oder solche, die nach der zehnten Klasse einen Qualifizierungsplatz nicht antreten, sollen systematisch kontaktiert werden.« (Bildungssenatorin Sandra Scheeres im Tagesspiegel vom 19.3.2015) Es wird von rund 3.000 Jugendlichen ausgegangen, deren Verbleib nach der zehnten Klasse unklar ist, 2.367 Schüler/innen verlassen die Schule ohne Berufsbildungsreife. An den Gymnasien verlassen 1.200 die Oberstufe ohne Abitur – auch diese Schüler/innen sollen frühzeitig beraten werden (ebd.).

Wenn es nicht gelingt, die Jugendlichen mit sozialen Risiken durch unterschiedliche Unterstützungsangebote an die Arbeitswelt heranzuführen und ihnen gleichberechtigten Zugang zu qualifizierten und qualifizierenden Ausbildungsangeboten anzubieten, werden sie sich auf ihrer Suche nach Identität und Halt abwenden, auch von gesellschaftlichen Normen und Werten. In dem Maße, wie die Mehrheitsgesellschaft als feindlich und ablehnend empfunden wird, besteht die Gefahr einer aggressiven Ablehnung gegenüber der hiesigen Gesellschaft. Es ist ein Wettlauf zwischen den großen Integrationsanstrengungen, die Berlin schon aufbringt, und wachsenden Desintegrationstendenzen in der Bevölkerung.

Ausbildungsbeteiligung junger Migranten/innen

An der dualen Ausbildung mit über 40.000 Plätzen partizipieren Schulabgänger/innen mit Migrationshintergrund nur unterdurchschnittlich. Ihre Ausbildungsbeteiligung lässt sich anhand der laufenden Ausbildungsstatistik nicht separat ausweisen. Gesondert aufgeführt werden nur Ausländer/innen, nicht aber die übrigen Gruppen mit Migrationshintergrund (z.b. zugewanderte Deutsche und Eingebürgerte).

Auf die Gesamtzahl aller Jugendlichen mit Migrationshintergrund hochgerechnet,[4] kann der Anteil junger Berliner/innen mit Migrationshintergrund an sämtlichen Auszubildenden auf ca. 14% und ihr Anteil an den neuen Verträgen auf etwa 15,5% geschätzt werden. Trotz dieses positiven Trends sind Berliner/innen mit Migrationshintergrund immer noch weit von einer gleichberechtigten Beteiligung an der dualen Ausbildung entfernt, wie die Ergebnisse des Mikrozensus 2013 zeigen. Danach verfügten am Stichtag 39,5% der Berliner/innen ohne Migrationshintergrund über einen Ausbildungsplatz oder einen vergleichbaren beruflichen Abschluss, aber nur 16,9% der Berliner/innen mit Migrationshintergrund (allerdings hat sich dieser Wert gegenüber dem Vorjahr mit 16,1% verbessert).

Zielgruppengerechte Maßnahmen zur Förderung des Bildungserfolgs von Jugendlichen nichtdeutscher Herkunft sind deshalb weiterhin unverzichtbar. Dabei liegt es auch im Interesse des Landes Berlin als einem international ausgerichteten Wirtschaftsstandort, den Bildungserfolg von Jugendlichen aus sozial benachteiligten Verhältnissen durch gezielte Maßnahmen zu fördern. Der dramatische Rückgang der Schulabgänger/innen macht sich zunehmend auch auf dem Ausbildungsmarkt bemerkbar. Diese Jugendlichen bilden ein Potenzial, das unbedingt besser erschlossen werden muss.

Die schlechte Ausbildungslage der Berliner Jugendlichen kann nicht überraschen: Die Anzahl der Ausbildungsplätze sinkt in Berlin kontinuierlich. Während die Anzahl der sozialversicherungspflichtigen Beschäftigten von

---

[4] Die angegebenen Werte für Ausländer/innen lassen sich auf Jugendliche mit Migrationshintergrund hochrechnen, wenn man das prozentuale Verhältnis zwischen allen im Berliner Mikrozensus 2013 ermittelten 15-25-jährigen Jugendlichen mit Migrationshintergrund und denen mit ausländischer Staatsangehörigkeit zugrunde legt. Dieses betrug im Berichtsjahr 220,2% (Vorjahr: 215,1%). Die für ausländische Jugendliche ermittelten Werte müssen also mehr als verdoppelt werden, wenn man eine grobe Vorstellung von der Ausbildungsbeteiligung aller Berliner Jugendlichen mit Migrationshintergrund bekommen will. Quelle: Amt für Statistik 2013: Mikrozensus 2013 www.statistik-berlin-brandenburg.de/grundlagen/Mikrozensus.asp?Ptyp=50&Sageb=12002&creg=BBB&anzwer=4. Aufruf vom 15.10.2015.

2008 bis 2015 um über 220.000 stieg, sank im selben Zeitraum die Anzahl der Auszubildenden von 58.097 auf 47.820. Die Ausbildungsquote liegt bei 12,5%. Während die Zahl der Berliner Betriebe von 79.215 auf 90.692 gestiegen ist, sank im gleichen Zeitraum die Anzahl der Ausbildungsbetriebe. Bei den Berliner Industriebetrieben liegt die Ausbildungsquote bei 4,2%(im Bundesdurchschnitt 5,3%). 2011 lag die Zahl der neu abgeschlossenen Ausbildungsverträge bei 17.923 und sank bis 2014 auf 14.616 (alle Angaben: Amt für Statistik Berlin-Brandenburg 2015). Dies hängt zum großen Teil damit zusammen, dass trotz fehlender Ausbildungsplätze in der Wirtschaft die öffentlich geförderten Ausbildungssonderprogramme drastisch abgebaut wurden. Waren es 2007 bei der IHK beispielsweise noch 3.270 geförderte Ausbildungsplätze, so sank die Zahl bis 2014 auf 728.

Die Befunde zur Unterversorgung mit Qualifizierungsmöglichkeiten ergänzen das Bild der Spaltung der Gesellschaft: Die Zahl der ausgegrenzten und gescheiterten Jugendlichen, die, selbst wenn sie einen Schulabschluss schaffen, keinen Ausbildungsplatz finden und auf das sogenannte Übergangssystem mit seinen vielen Bildungsangeboten als Zwischenlösung angewiesen sind, steigt. Und auch hier haben unter den Jugendlichen ohne Ausbildungsplatz immer mehr einen Migrationshintergrund, z.T. sogar mit mittlerem Schulabschluss. »Damit haben wir ein doppeltes Problem«, so Heike Solga vom Wissenschaftszentrum für Sozialforschung Berlin. »Ihnen wurde versprochen, dass sie einen Ausbildungsplatz bekommen, wenn sie sich in der Schule anstrengen. Nun haben sie in den letzten Jahren bei der Schulbildung aufgeholt, bekommen aber trotzdem keine Ausbildungsplätze. Diese Jugendlichen merken, dass sie auf dem Ausbildungsmarkt diskriminiert werden. Ich bin gespannt, wie lange sie sich das einfach noch so anschauen werden.« (Solga 2015)

Insgesamt kann man wohl davon ausgehen, dass in Deutschland jeder fünfte Jugendliche größte Schwierigkeiten beim Einstieg in die Arbeitswelt hat. Jede/r Fünfte scheitert an der Schule, jede/r Fünfte scheitert an einfachen Aufgaben, und knapp jedes fünfte Kind lebt in Armut. Die verschiedenen Gruppen – Schulversager, Testversager, arme Kinder und Kinder mit Gesundheitsrisiken – sind nicht vollständig deckungsgleich. »Doch die Schnittmenge dürfte sehr groß sein, und mit Sicherheit sind es zu viele für ein Land.« (Solga 2009)

Nicht zuletzt durch die Debatte über die demografische Entwicklung in Deutschland[5] und den damit zusammenhängenden angeblich drohenden

---

[5] Die Bevölkerung wird älter, die Geburtenrate bleibt niedrig und ein steigender Anteil der Bevölkerung hat einen Migrationshintergrund. Vgl. Statistische Ämter des Bundes und der Länder (Hrsg.) (2011): Demographischer Wandel in Deutschland. Heft 1 Bevölkerungs- und

Facharbeitermangel wird der geringe Anteil Jugendlicher mit Migrationshintergrund unter den Auszubildenden zunehmend als gesamtgesellschaftliches Problem thematisiert. Dies geht auch einer mit einer differenzierteren Sichtweise, die Jugendliche mit Migrationshintergrund nicht mehr automatisch mit Benachteiligten gleichsetzt – auch wenn sie die Mehrheit der benachteiligten Schulabgänger/innen beim Übergang in die berufliche Ausbildung bilden.

Dort mit gutem Beispiel vorangehen, wo Politik Verantwortung trägt

Berlin verfügt als Arbeitgeber über die Möglichkeit, die eigene Verwaltung und die Unternehmen mit Landesbeteiligung durch gezielte Personalpolitik interkulturell zu öffnen und mit gutem Beispiel voranzugehen. Gleichzeitig hat es eine nicht zu unterschätzende Signalwirkung für die migrantische Bevölkerung, wenn die Vielfalt in der Bevölkerung sich auch in den städtischen Institutionen widerspiegelt. Der Berliner Ansatz bestand 2006 darin, mit der Kampagne *Berlin braucht dich!* Jugendliche mit Migrationshintergrund zu ermutigen, sich für eine Ausbildung im Öffentlichen Dienst zu bewerben.

Ausgangspunkt von *Berlin braucht dich!* im Jahr 2005 war die alarmierende Feststellung: Unter den Auszubildenden beim Land Berlin fand sich nur ein verschwindend niedriger Anteil von Jugendlichen aus Familien mit Einwanderungsgeschichte. Mit der Botschaft »Wir wollen Euch, nutzt Eure Chance!« sollten Jugendliche aus Familien mit Einwanderungsgeschichte motiviert werden, sich mit betrieblicher Ausbildung als realer Berufsoption auseinanderzusetzen und sich beim Land Berlin zu bewerben. Ihr Anteil unter den Auszubildenden im Öffentlichen Dienst stieg von 8,7 % (2006) auf 16,6 % (2010) an.

In der Tat gelang es Jugendlichen, sich erfolgreich beim Land Berlin zu bewerben, aber »nur« jenem Teil, der schon »in den Startlöchern« stand, schulisch gut war und vom Verhaltensrepertoire in das bisherige Bild passte, das Betriebe von Auszubildenden hatten. Der nächste Schritt zur weiteren interkulturellen Öffnung des Übergangs Schule-Beruf bestand daher darin, die Distanz zwischen »Jugendlichen« und »Arbeitswelt« zu verringern. Nur eine attraktive Berufsorientierung für Jugendliche kann zu einer nachhaltigen und erfolgreichen Nachwuchsförderung und Personalgewinnung der Unternehmen führen – so das Credo von *Berlin braucht dich!*. Für die Betriebe

---

Haushaltsentwicklung im Bund und in den Ländern, Wiesbaden.

des Öffentlichen Dienstes und mit Landesbeteiligung wird angestrebt, eine Quote von 25% neuer Azubis mit Migrationshintergrund zu erreichen – das entspricht dem Anteil, den Menschen mit Migrationshintergrund an der Berliner Bevölkerung haben (der 2016 bereits bei knapp 28% liegt und eine Anpassung der Zielquote erfordert).

Für dieses Ziel arbeiten 25 Berliner Schulen, die sich durch einen hohen Anteil an Schüler/innen aus Familien mit Einwanderungsgeschichte auszeichnen, und über 60 Unternehmen aus dem öffentlichen und privaten Sektor im *Berlin braucht dich!*-Konsortium zusammen. Der Konsortialansatz ist es auch, der die Metall- und Elektroindustrie veranlasste, dem Vorhaben beizutreten.

Zur besseren Berufsorientierung wird zwischen Schulen und Betrieben ein System von Betriebsbegegnungen ab Klasse 7 aufgebaut, das immer stärker zu einer Vierstufigkeit vervollständigt wird. In der Zeit ab 2011 stieg der Anteil der neueingestellten Auszubildenden aus Familien mit Einwanderungsgeschichte im Öffentlichen Dienst auf ca. 18% und in den Landesbetrieben von 13% (2010) auf 21,9% (2014). Dieses Lernen im Betrieb in unterschiedlichen Formaten – je nach Jahrgangsstufe der Schüler/innen – wird Qualifizierte Vierstufigkeit genannt, die in das Landeskonzept der Berliner Berufs- und Studienorientierung eingebracht werden konnte.

Angesichts der Risikolagen, die in diesen Schulen zusammentreffen, ist es nicht verwunderlich, dass die Übergänge in Ausbildung dort sehr gering sind. *Berlin braucht dich!* ist ein Lehrstück dafür, dass die Stadt große Anstrengungen unternommen hat, den Teufelskreis von sozialer Spaltung und ungleichen Bildungsvoraussetzungen zu durchbrechen. Es zeigt, dass gute Berufsorientierung nicht ausreicht, denn die Barrieren zum Eintritt in eine Ausbildung sind höher und komplexer, als erwartet. Aber diese enge und stabile Zusammenarbeit und die Nutzung der erprobten Praxisansätze (siehe BQN Berlin 2015) sind gute Voraussetzungen, damit sich für viele dieser Jugendlichen bald aussichtsreiche berufliche Perspektiven eröffnen. *Berlin braucht dich!* hat erheblich dazu beigetragen, dass im Land Berlin eine solide Basis vorhanden ist, um sich den aktuellen und zukünftigen Herausforderungen in diesem Feld zu stellen. Die zukünftige Herausforderung besteht darin, das Ankommen in der Ausbildung weiter zu forcieren – und zwar an Integrierten Sekundarschulen mit einem hohen Anteil »nichtdeutscher Herkunftssprache« und Lernmittelbefreiung.

2015 steht Berlin vor veränderten Rahmenbedingungen:
- Die Zusammensetzung der Jugendlichen an den sozialräumlich stark segregierten Schulstandorten von *Berlin braucht dich!* hat sich geändert. Während Jugendliche mit Migrationshintergrund mit guten Schulabschlüssen in

Ausbildung gelangen, spitzt sich die Frage immer stärker auf die Gruppe zu, die dem klassischen Modell von Auszubildenden nicht entspricht: Hierbei handelt es sich um eine Teilgruppe aus der Gesamtheit der in Berlin geborenen und aufgewachsenen Jugendlichen aus Einwandererfamilien, die bisher im »Abseits« standen. Angesichts der Risikolagen, die in den Schulen kumulieren, zeigt sich, dass es gerade für diese Schüler/innen besonders schwierig ist, tatsächlich einen Ausbildungsplatz zu erhalten. Dies erklärt auch, warum an solchen Schulen, die mittlerweile über ein ausgebautes System von Betriebsbegegnungen verfügen, der Zugang zu ungeförderten Ausbildungsplätzen noch niedrig ist. Hiervor kann man den Blick nicht verschließen – und dies wird eine Herausforderung für die Zukunft sein.

- Die große Zahl von geflüchteten jungen Menschen in Berlin stellt eine neue große Herausforderung dar. Schon für in Berlin geborene Jugendliche und junge Volljährige aus Familien mit Einwanderungsgeschichte ist es trotz hoher Motivation oft schwierig, eine geeignete Ausbildung zu erhalten. Für Schulen und Betriebe kommt zur Öffnung von Bildung und Ausbildung für diese Zielgruppe nun die Aufgabe der Integration Geflüchteter hinzu.
- Die Verfasstheit der Berufsorientierung im Land Berlin hat sich durch das Landeskonzept der Berliner Berufs- und Studienorientierung verbessert, das den Anspruch enthält, die Berufsorientierung auf umfassende Weise auf eine verbesserte Grundlage zu stellen, mit der »Qualifizierten Vierstufigkeit« als Herzstück. Das ist nun in Berlin Programm, bei Weitem aber (noch) nicht Realität.
- Der Eintritt der Metall- und Elektroindustrie in das Vorhaben und die Kontinuität der Mitarbeit einer wachsenden Zahl von Betrieben des Öffentlichen Dienstes und Unternehmen mit Landesbeteiligung signalisieren: Die Motivlage bei den Unternehmen erweitert sich von einer Art sozialpolitischer Verantwortungsübernahme zu einem immer wichtiger werdenden Interesse an der eigenen Nachwuchsgewinnung auch aus dem Kreis derjenigen Jugendlichen mit Migrationshintergrund, die aus verschiedenen Gründen für sie bisher »nicht in Frage kamen«.

Es sind vor allem zwei Herausforderungen, um die es absehbar gehen wird:

- Sicherung des Fachkräftenachwuchses bei gleichzeitiger weiterer Öffnung der Berufsausbildung für Jugendliche mit Migrationshintergrund, um dieses für Berlin wichtige Potenzial (weiter) zu erschließen. Hier müssen nun ausdrücklich auch junge Geflüchtete mit einbezogen werden.
- Während Jugendliche mit Migrationshintergrund mit guten Schulabschlüssen immer mehr in Ausbildung gelangen und dies noch optimiert werden

Mit »Berlin braucht dich!« für mehr Vielfalt in der Ausbildung. Foto: Judith Affolter

kann, bleiben andere zurück. Erforderlich ist also eine verstärkte Konzentration darauf, für Jugendliche in kumulierten Risikolagen, zu denen auch ihr Migrationshintergrund zählt, trotz erheblicher Schwierigkeiten Wege in Berufsausbildung und selbständige Lebensführung zu bahnen. Teilhabe und die aktive Vermeidung von sozialer Ausschließung stehen hier im Zentrum.

Chancengleichheit durch kluge »Ungleichbehandlung«

Eine zentrale Herausforderung an den Berliner Senat wird darin bestehen, für Kinder und Jugendliche Lebensbedingungen herzustellen, die es ermöglichen, den Teufelskreis von Armut, sozialer Herkunft und schlechten Bildungsabschlüssen zu durchbrechen.

Berlin benötigt hierfür ermutigende und optionsreiche Unterstützungsangebote bei der frühen Förderung und Vorbereitung der Kinder in den Kitas, bei Lernzuwächsen von Schüler/innen der Gemeinschaftsschulen aus benachteiligten Sozialmilieus, bei der Berufsorientierung, die Jugendliche an die Arbeitswelt heranführt und ihnen gleichberechtigten Zugang zu qualifizierten und qualifizierenden Ausbildungsangeboten anbietet. Dazu bedarf es einer integrations-, bildungs- und arbeitsmarktpolitischen Offensive der Landespolitik, die auch mehr Offenheit der Betriebe einschließt, sich auf heterogene Gruppen einzustellen und sich auf neue Wege in der Berufsausbildung einzulassen.

Die Mittel müssen gezielt dort eigesetzt werden, wo die schwierigsten Bedingungen herrschen, um die Hindernisse und Barrieren am Übergang Schule-Beruf kritisch zu überprüfen und zu beseitigen. Es muss von Bedeutung sein, wie viele Eltern es mit niedriger Bildung gibt, wie viele Väter arbeitslos sind, wie viele Kinder einen Migrationshintergrund haben, wie viele Kinder nicht bei den leiblichen Eltern leben und wie kinderreich die Familien sind. Das sagt zwar nichts darüber aus, wie gut die Lehrer/innen an der fraglichen Schule arbeiten, aber es sagt viel darüber aus, wie schwierig ihre Aufgabe ist. Hier muss angesetzt werden, wenn es darum geht, dass Berliner Jugendliche mit Migrationshintergrund gleiche Teilhabechancen an Bildung, Ausbildung und Arbeit bekommen sollen. Im Rahmen einer Gesamtstrategie sollte Chancengleichheit beim Zugang zur Ausbildung besonders an denjenigen Schulen etabliert werden, die schwache Übergangsquoten in die Ausbildung zeigen und oft auch einen sehr hohen Anteil von Schüler/innen mit Migrationshintergrund aufweisen.

Ungleiche Bildungschancen durch soziale Spaltung

Der Berliner Senat hat in den letzten Jahren eine Reihe von Reformvorhaben auf den Weg gebracht, um der Ausgrenzung wirksam zu begegnen: Quartiersmanagement, Kitabedarfsplanung, Einführung der Gemeinschaftsschule, Abschaffung der Hauptschulen, Reform des Übergangs Schule-Beruf (Landeskonzept für Berufs- und Studienorientierung, Jugendberufsagentur), Überwindung der Förderschulen durch Inklusionspolitik (Umsetzung der UN-Behindertenrechtskonvention) und nicht zuletzt eine aktive Integrationspolitik zur Verbesserung der Übergänge von der Schule in die Ausbildung, wofür *Berlin braucht dich!* ein wichtiges Beispiel ist. An diesen Reformvorhaben muss nun gezielt weitergearbeitet werden, zum Teil sind die Maßnahmen aufzustocken, jeweils gerichtet nach dem Ausstattungsbedarf und danach, wie schwierig eine Aufgabe ist.

Die Erfolge dieser Bemühungen sind bisher nicht zu übersehen: Steigerung der Versorgungslage bei Kitaplätzen, Verbesserung der Schulabschlüsse, Reduktion der Jugendarbeitslosigkeit, Steigerung des Anteils von Jugendlichen mit Migrationshintergrund in Ausbildung. Mehr Kinder und Jugendliche wachsen mit guter Bildung und immer besseren Schulabschlüssen auf. Nahezu die Hälfte der Jugendlichen geht heute mit Fachhochschulreife oder Abitur von der Schule, aber nicht alle Kinder und Jugendlichen profitieren in gleicher Weise vom Bildungsfortschritt, denn die Spaltungstendenzen sind stärker und erfordern einen größeren und gezielteren Einsatz. Konkret heißt dies, dass die Kinder aus den Familien mit den schwierigsten Bedingungen die beste Unterstützung brauchen, exzellente Kindergärten, die einem Dreijährigen eine gute Basis für seine Bildungs- und Berufschancen bieten. Es dient auch dem Berliner Gesamtbudget, wenn Jugendliche am Ende der Schulzeit fähig sind, eine Ausbildung zu beginnen, statt in Jobtrainings auf ihr Leben als Dauerarbeitslose »vorbereitet« zu werden. Wenn wir die Jüngsten in den Stadtvierteln mit großen sozialen Problemen gezielt unterstützen, bekommen jene Kinder eine Chance, die heute kaum eine haben. Nur so ist Bildungsgerechtigkeit zu schaffen.

Armutsentwicklung und Gesundheit im Land Berlin

Zeitungsverkäuferin an der Admiralsbrücke am Landwehrkanal

Wie auch in anderen deutschen Großstädten gibt es große Unterschiede in den Lebensbedingungen der Bevölkerung innerhalb von Berlin. Diese schließen sowohl die Betroffenheit durch Armut als auch die Möglichkeiten, in (relativ) guter Gesundheit zu leben, ein. Das heißt: In Berlin (»Arm aber sexy«) gibt es sowohl Stadtviertel, in denen große Teile der Bevölkerung stark sozial benachteiligt sind, als auch Stadtviertel, deren Einwohner/innen deutlich besser gestellt sind. Je nach Standort können diese Extreme räumlich sehr dicht beieinander liegen. So sind nicht nur die zwölf Bezirke sehr verschieden, sondern auch innerhalb der Bezirke klaffen die Lebensbedingungen z.T. deutlich auseinander.

Soziale Ungleichheiten in den Berliner Bezirken

Der jüngste Beitrag in der Reihe der konkurrierenden Systeme zur Sozialberichterstattung im Land Berlin heißt »Regionaler Sozialbericht Berlin und Brandenburg« und kommt vom Amt für Statistik (AfS) Berlin-Brandenburg. Im Gegensatz zum »Monitoring sozialer Stadtentwicklung« der Berliner Senatsverwaltung für Stadtentwicklung und Umwelt und zum »Sozialstrukturatlas Berlin« der Senatsverwaltung für Gesundheit und Soziales werden in diesem Sozialbericht keine komplizierten Indizes gebildet, die den Anspruch erheben, eine umfassende Bewertung der sozialräumlichen Situation oder deren Entwicklungen in den kleinsten LORs, den Planungsräumen, vorzunehmen.

Im Regionalen Sozialbericht werden stattdessen auf der Basis der amtlichen Statistik – insbesondere des Mikrozensus – eine Reihe von eindimensionalen Indikatoren für die Berliner Bezirke sowie für die Kreise und kreisfreien Städte im Land Brandenburg präsentiert und erklärt. Ein großer Vorteil dieser Vorgehensweise ist, dass die Kennziffern auf EU-Indikatoren der sozialen Integration basieren und dadurch mit deren Analysen vergleichbar sind. Dadurch, dass das AfS die amtliche Statistik als Datenbasis benutzt hat, ist ihre Verwendung auch in anderen deutschen Großstädten denkbar. Im Folgenden werden einige Indikatoren für die Berliner Bezirke aus dem »Regionalen Sozialbericht 2016« (AfS 2016) vorgestellt. Darüber hinaus wird bei den Indikatoren »ALG II-Empfang« und »Armutsentwicklung« der Vergleich zur bundesdeutschen Entwicklung durch eine Hinzuziehung des »Armutsberichtes« des Paritätischen Wohlfahrtsverbandes (DPW) geleistet.

Abbildung 1: Anteil der Bevölkerung ab 25 Jahren mit niedrigem Bildungsstand in den Berliner Bezirken (2014)

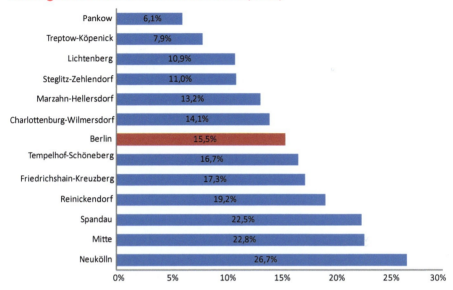

Quelle: Amt für Statistik Berlin-Brandenburg

Niedrige Bildung – die Wurzel vieler Probleme

Das Bildungsniveau ist ein wichtiger Faktor sowohl bei der sozialen Lage als auch bei der Gesundheit der Bevölkerung. In modernen industriellen Gesellschaften gibt es weniger Arbeitsplätze für unqualifizierte Arbeitskräfte – und die Jobs, die es gibt, sind heiß umkämpft. Ein niedriges Bildungsniveau bedeutet oft unsichere Arbeitsverhältnisse für weniger als den Mindestlohn oder Arbeitslosigkeit bzw. den Erhalt von Grundsicherung. Deshalb ist gute Bildung eine Grundvoraussetzung für gesellschaftliche Teilhabe. Bildung als soziodemografisches Merkmal gilt überdies als ein wichtiger Einflussfaktor sowohl für den allgemeinen gesundheitlichen Zustand bzw. die Sterblichkeit der Bevölkerung als auch für die Inanspruchnahme von gesundheitlichen Vorsorgeangeboten.

Abbildung 1 zeigt für 2014 den Anteil der über 25-Jährigen in den Berliner Bezirken mit einem niedrigen Bildungsstand, d.h. sie haben weder die Hochschulreife noch eine Berufsausbildung. Insgesamt fallen 15,5% aller Berliner/innen in diese Kategorie. Die Unterschiede zwischen den Bezirken

Abbildung 2: Schulabbrecher in den allgemeinbildenden Schulen in den Berliner Bezirken (Schuljahr 2013/14)

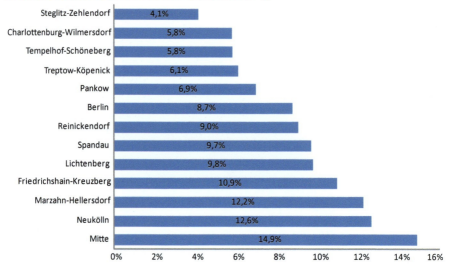

Quelle: Amt für Statistik Berlin-Brandenburg

sind jedoch enorm. Während im Bezirk Pankow lediglich 6,1% der Bevölkerung gering qualifiziert sind, sind es 26,7% in Neukölln, mehr als viermal so viele. Dies ist einer der wenigen Indikatoren, bei dem immer noch ausgeprägte Ost-West-Unterschiede auszumachen sind – mehr als 20 Jahre nach der Wiedervereinigung. Während die ehemaligen Ostberliner Bezirke davon profitieren, dass das Gros der Schüler/innen mindestens die Polytechnische Oberschule absolvierte und anschließend eine Ausbildung gemacht hat, fällt der große Anteil an schlecht gebildeten Menschen mit Migrationshintergrund in Bezirken wie Neukölln und Mitte deutlich ins Gewicht.

Ein Blick auf die Statistik der Schulabgänger/innen ohne Abschluss der allgemeinbildenden Schulen in den Berliner Bezirken für das Schuljahr 2013/14 (Abbildung 2) zeigt ebenfalls große Niveauunterschiede zwischen den Bezirken.[1] Verließen im Schuljahr 2013/14 lediglich 4,1% der Schüler/innen in Steglitz-Zehlendorf die Schule ohne Abschluss, waren es im Bezirk Mitte

---

[1] Im Gegensatz zum Mikrozensus gibt es hier eine gewisse Unsicherheit bei der bezirklichen Zuordnung, da die Schulstatistik nicht nach dem Wohnortprinzip geführt wird. Hier gilt der Schulstandort. Je nach Schule kommen mehr oder weniger Schüler/innen aus anderen Bezirken.

14,9%. Hier sind jedoch keine ausgeprägten Ost-West-Unterschiede mehr zu beobachten, die Reihenfolge korrespondiert vielmehr mit dem Empfang von ALG II in den Bezirken.

Da just die Bezirke mit den höchsten Anteilen an über 25-Jährigen mit niedrigem Bildungsabschluss auch hier die bezirkliche Rangordnung anführen, kann man davon ausgehen, dass sich in dieser Hinsicht in der nächsten Zeit nichts wesentlich ändern wird. So wird das gegenwärtige Bildungsgefälle zwischen den Bezirken auf absehbarer Zeit zementiert. Die Schulstatistik zeigt ebenfalls, dass der Anteil der Schulabgänger/innen ohne deutschen Pass im Land Berlin fast dreimal höher ist (17,5%) als bei den deutschen Schüler/innen mit 6,6% (AfS 2015).

Arbeit – das A und O bei der Lebensgestaltung

Arbeit ist ein wesentlicher Bestandteil des Lebens eines Menschen. Nicht nur als Einkommensquelle und dadurch mitbestimmend für die materielle Situation, sondern auch als sinngebendes und strukturierendes Element im Leben des Einzelnen. Menschen, die ihre Arbeitsstelle verloren und noch keine neue Arbeit gefunden haben, geht es im Durchschnitt gesundheitlich wesentlich schlechter als dem Durchschnitt der Beschäftigten und der gesamten Bevölkerung. Untersuchungen zeigen, dass Arbeitslose eine höhere Sterblichkeit, häufigere und längere körperliche Erkrankungen, mehr psychische Leiden, ein riskanteres Gesundheitsverhalten und eine häufigere Inanspruchnahme von medizinischer Versorgung als Erwerbstätige aufweisen.

Die Empfänger/innen von Leistungen zur »Grundsicherung für Arbeitsuchende« nach dem Sozialgesetzbuch II, im Volksmund »Hartz IV«, sind die Arbeitslosen, die keinen Anspruch (mehr) auf Arbeitslosengeld I haben. Für ihren Lebensunterhalt sind sie auf den Empfang dieser Unterstützungsleistung angewiesen. Dies bedeutet einen deutlichen Einschnitt in die Möglichkeiten der Lebensgestaltung. Weil ca. 59% aller Erwerbslosen in Deutschland armutsgefährdet sind, geht der Paritätische Wohlfahrtsverband (DPW) davon aus, dass die ALG II-Regelsätze keinesfalls vor Armut schützen. In seinem aktuellen »Armutsbericht« (2016) wertete der DPW die ALG II-Quoten in den Bundesländern für das Jahr 2014 aus. Insgesamt waren 9,5% der unter 65-jährigen Bevölkerung in Deutschland auf ALG II für den Lebensunterhalt angewiesen. Bei den Empfänger/innen von ALG II führt Berlin (20,2%) das Länderranking vor Bremen (18,1%), Sachsen-Anhalt (16,4%) und Mecklen-

Abbildung 3: Arbeitslosengeld II-Empfänger/-innen in den Berliner Bezirken als Anteil der Bevölkerung unter 65 Jahren (31.12.2014)

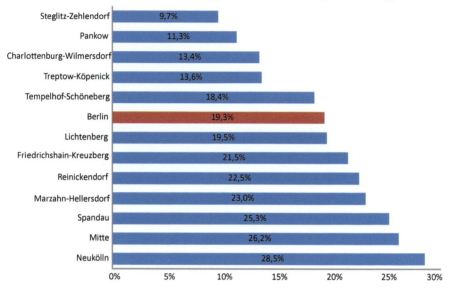

Quelle: Amt für Statistik Berlin-Brandenburg

burg-Vorpommern (15,1%) an. Dabei ist der Unterschied zwischen Oben und Unten im Länderranking sehr deutlich: Der Anteil der Bevölkerung in Berlin, der ALG II empfängt, ist mehr als viermal so hoch wie in Bayern.

Abbildung 3 zeigt den Anteil der ALG II Empfänger/innen bei den unter 65-Jährigen in den Berliner Bezirken am 31.12.2014. Auffällig sind die großen Unterschiede zwischen den Bezirken. Der Anteil der ALG II-Empfänger/innen im Bezirk Neukölln (28,5%) ist fast dreimal so hoch wie im Bezirk Steglitz-Zehlendorf (9,7%).

Abbildung 4 zeigt den Anteil der Bezieher/innen von Arbeitslosengeld II in den Berliner Prognoseräumen (PRG). Dabei wird insbesondere eine Konzentration von Hilfeempfängern/innen in den sozial benachteiligten Gebieten in der Innenstadt deutlich. Sechs der neun PRG mit einem ALG II-Empfang von mehr als 30% der Bevölkerung unter 65 Jahren liegen zentral: in Mitte (Wedding und Gesundbrunnen), in Reinickendorf (Reinickendorf-Ost), in Charlottenburg (Charlottenburg-Nord), in Friedrichshain-Kreuzberg (Kreuzberg-Nord) und in Neukölln (Neukölln). Auffällig ist hierbei die Übereinstimmung mit den Prognoseräumen mit einem hohen Anteil von Menschen mit

Armutsentwicklung und Gesundheit im Land Berlin

Abbildung 4: Arbeitslosengeld II-Empfänger/innen in den Prognoseräumen von Berlin am 31.12.2014 (als Anteil der Bevölkerung unter 65 Jahren)

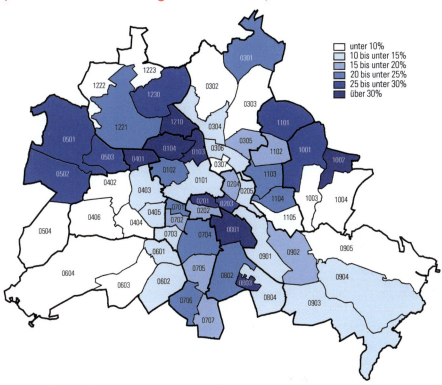

Datengrundlage: AfS Berlin-Brandenburg, Kartografie: Bezirksamt Mitte

Migrationshintergrund (vgl. Abb. 4 in »Stadt der Vielfalt«). Doch anders als bei der Verteilung von Menschen mit Migrationshintergrund sind auch die PRG an der Peripherie vom Hartz IV-Empfang stärker betroffen: im Westteil alle PRG in Spandau und im Ostteil insbesondere PRG in den Bezirken Marzahn-Hellersdorf und Lichtenberg. Die Prognoseräume mit einem niedrigen Anteil an ALG II-Empfänger/innen liegen insbesondere in den Bezirken Steglitz-Zehlendorf, Pankow, Treptow-Köpenick und Charlottenburg-Wilmersdorf.

Dabei liegen die unterschiedlich belasteten Gebiete oft dicht beieinander, so auch im Bezirk Mitte. Im Nordosten des Bezirks trennt der Verlauf der ehemaligen Mauer zwei ganz unterschiedliche Welten, vor allem im Hinblick auf die soziale Lage: Während lediglich 7,3% der Bevölkerung in der Bezirksregion Brunnenstraße-Süd (ehemals Ost-Berlin – PRG 0101) auf Hartz IV für ihren Lebensunterhalt angewiesen sind, betrifft dies ca. 42,8% Bewohner des benachbarten Gebiets Brunnenstraße-Nord (Wedding – PRG 0103). Bei Kindern und Jugendlichen zeigt sich dieser Unterschied noch prononcierter: So leben nur 8,2% der unter 15-Jährigen in Brunnenstraße Süd in ALG II-Familien, während dies bei über zwei Drittel aller Kinder und Jugendlichen in Brunnenstraße Nord der Fall ist (vgl. BA Mitte 2013: 16ff.).

Kinder und Jugendliche, die in Familien von ALG II-Empfängern/innen leben, sind eine besonders gefährdete Gruppe. Sie wachsen meist in einer Umgebung auf, die durch materielle Not geprägt ist. In einer Lebensphase, in der man sich gern mit Gleichaltrigen vergleicht, müssen sie feststellen, dass sie keinesfalls mit anderen Kindern in ihrer Klasse oder Altersgruppe mithalten können. Viele Studien belegen, dass Kinder und Jugendliche aus armen Familien in mehrfacher Hinsicht schlechtere Startchancen als ihre Altersgenossen aus besseren Verhältnissen haben (siehe u.a. die KiGGS-Ergebnisse – RKI 2007, 2008). Wenn es darum geht, die besten Entwicklungschancen für die nachkommende Generation zu sichern, muss hier dringend etwas unternommen werden.

Kinder und Jugendliche sind deutlich öfter auf Hartz IV-Leistungen angewiesen als der Durchschnitt der Bevölkerung (vgl. BA Mitte 2013). Die Tatsache, dass in einigen PRG mehr als 70% der Kinder und Jugendlichen von ALG II-Empfang betroffen sind, ist ein Skandal. Immer, wenn über höhere ALG-Sätze debattiert wird, wird angeführt, dass es dann keinen Arbeitsanreiz mehr gäbe. Bei diesem Argument wird die Situation der Kinder und Jugendlichen, die in den Familien mitbetroffen sind, ausgeblendet. Sie sind schließlich nicht für den Umstand verantwortlich, dass ihre Eltern arbeitslos sind, und sie können daran auch nichts ändern. Komplizierte Regelungen, wodurch die betroffenen Eltern eher realitätsferne Sachleistungen für ihre Kinder beantragen können, sind hierfür keine Lösung.

Ungleiche Einkommensverteilung in den Berliner Bezirken

Das Pro-Kopf-Einkommen der Bevölkerung anhand des Mikrozensus ist ein bewährter Indikator der sozialen Lage in der Gesundheitsberichterstattung in den Berliner Bezirken. Im Gegensatz zum Haushaltseinkommen stellt es einen Indikator für das Einkommensniveau unabhängig von der jeweiligen

Abbildung 5: Netto-Pro-Kopf-Einkommen in den Berliner Bezirken (2014)

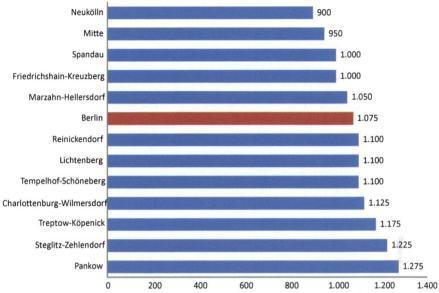

Quelle: Amt für Statistik Berlin-Brandenburg

Haushaltsgröße dar. Außerdem kann es nach individuellen Eigenschaften, wie Geschlecht und Migrationshintergrund (vgl. BA Mitte 2011), ausgewertet werden.

Die unterschiedlich hohe Arbeitslosigkeit in den einzelnen Bezirken führt auch zum Auseinanderfallen beim durchschnittlichen Pro-Kopf-Nettoeinkommen (vgl. Abbildung 5). Die Spreizung reicht von 900 Euro im Monat in Neukölln bis 1.275 Euro in Pankow. Wenn das Pro-Kopf-Einkommen als Gestaltungsspielraum für die individuelle Entwicklung interpretiert wird, erkennt man dadurch die unterschiedlichen Lebensbedingungen deutlich.

Armut in einem reichen Land

Trotz anderweitiger Beteuerungen ist das Thema Armut in einem so reichen Land wie Deutschland noch immer brandaktuell. Die Situation ist hier anders als in Entwicklungsländern, wo Menschen mit der Gefahr leben zu verhungern. Gleichwohl gibt es in Deutschland eine relativ große Bevölkerungsgruppe, die – trotz Konjunkturaufschwungs und wirtschaftlicher Erholung – von der allgemeinen gesellschaftlichen Entwicklung abgekoppelt ist und immer weiter ins Abseits gerät. Man spricht hier von relativer Armut. Armut wird in der Europäischen Union am Wohlstand des jeweiligen Mitgliedsstaats gemessen, in dem ein Mensch lebt.»Arm sind danach alle, die über so geringe Mittel verfügen, ›dass sie von der Lebensweise ausgeschlossen sind, die in dem Mitgliedsstaat, in dem sie leben, als Minimum annehmbar ist‹« (DPW 2016: 9) Dies ist in der Regel der Fall, wenn man über weniger als 60% des mittleren Einkommens einer Gesellschaft verfügt.[2] »Dieses dynamische Konzept relativer Einkommensarmut zeichnet sich somit dadurch aus, dass es davon ausgeht, dass in unterschiedlich wohlhabenden Gesellschaften Armut sehr unterschiedlich aussehen kann und vor allem durch gesellschaftlichen Ausschluss, mangelnde Teilhabe und nicht erst durch Elend gekennzeichnet ist.« (ebd.) Ausschluss und mangelnde Teilhabe betreffen dabei eine Reihe von alltäglichen Aktivitäten aus Lebensbereichen wie Bildung, Kultur und Sport.

Da der amtliche Armuts- und Reichtumsbericht der Bundesregierung nur in größeren Abständen erscheint (der nächste ist für den Herbst 2016 angekündigt) und neuerdings auch zensiert wird, ist der jährliche Armutsbericht des Deutschen Paritätischen Wohlfahrtsverband eine wichtige Datenquelle für die Sozialberichterstattung. Laut DPW-Bericht 2016 lagen die Stadtstaaten Berlin (20,0% – Platz 4) und Bremen (24,1% – Platz 1) mit an der Spitze bei der Armutsgefährdung in Deutschland im Jahr 2014. Bei den Flächenländern wiesen die ostdeutschen Bundesländer die höchsten Quoten auf. Allerdings erreicht die Armutsgefährdungsquote auch in Nordrhein-Westfalen 17,5% (2005: 14,4%). Insgesamt lag die Armutsrate in Deutschland bei 15,4% – ein Rückgang um 0,1% gegenüber dem Rekordwert von 15,5% im Jahr 2013. Seit 2006 stieg die Armutsgefährdung in Berlin ungebremst von 17,0% auf 21,4% im Jahr 2013. 2014 ist sie dann leicht zurückgegangen (vgl. DPW 2016: 17). Besonders betroffen durch Armutsgefährdung waren laut DPW-Bericht Erwerbslose (57,6%), Alleinerziehende (41,9%), Einpersonenhaushalte (25,6%), MigrantInnen ohne deutschen Pass (32,5%), Menschen mit Migrationshintergrund (26,7%) sowie die Altersgruppe der 18- bis unter 25-Jährigen (24,6%).

Auch in den Berliner Bezirken gibt es große Unterschiede in der Betroffenheit durch Armut. Abbildung 6 zeigt die prozentualen Anteile an armuts-

---

[2] Für einen Singlehaushalt in Deutschland liegt diese Armutsschwelle z.B. 2014 bei 917 Euro. Als reich gelten Menschen, die in Haushalten mit mehr als 200% des durchschnittlichen Äquivalenzeinkommens leben.

Armutsentwicklung und Gesundheit im Land Berlin

Abbildung 6: Anteil der Bevölkerung in Privathaushalten in den Berliner Bezirken mit unter 60% des bundesdurchschnittlichen Äquivalenzeinkommens (Armut) im Jahr 2014

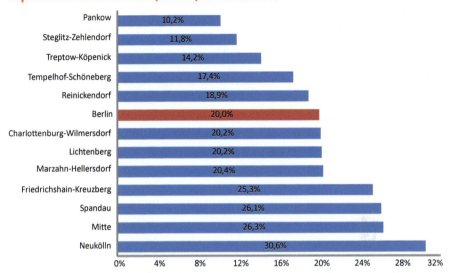

Quelle: Amt für Statistik Berlin-Brandenburg

gefährdeten Menschen in den Bezirken im Jahre 2014.[3] Hier führt Neukölln die Rangordnung mit 31,3% vor Mitte (29,8%) und Friedrichshain-Kreuzberg (26,8%) an. Mit Blick auf Armut und Reichtum zeigt sich Friedrichshain-Kreuzberg eindeutig als Bezirk der Extreme: Obgleich er einen hohen Anteil armutsgefährdeter Menschen ausweist, wohnt dort auch ein beachtlicher Anteil an »reichen« Menschen (AfS 2016). Dies wird auch bei der Betrachtung des Gini-Koeffizienten bestätigt, wo die Einkommensverteilung in verschiedenen Gebieten verglichen wird. Hier führt Friedrichshain-Kreuzberg die bezirkliche Rangordnung vor Charlottenburg-Wilmersdorf an (ebd.). Dieses Phänomen kommt daher, dass sich die Bevölkerung in den begehrten Gebieten in Kreuzberg in den letzten Jahren sehr stark durch den Prozess der Gentrifizierung gewandelt hat: Wo früher die Migrantenfamilie in einer schlecht ausgestatteten Altbauwohnung gelebt hat, wohnt jetzt der Professor mit seiner Familie.

---

[3] Um mit der Bundesstatistik kompatibel zu sein, wurde Armut in den Bezirken auf Basis des bundesdeutschen Medianeinkommens anstatt mit dem (niedrigeren) Landesmedian berechnet.

Armut im Alter –
noch nicht so ausgeprägt, aber im Kommen

Nach einem langen, erfüllten Arbeitsleben sich im Ruhestand die Aktivitäten und Unternehmungen zu gönnen, für die man im Erwerbsleben keine Zeit hatte – das war die Vorstellung einer ganzen Generation von Arbeitnehmer/innen, die jeden Monat ihre Beiträge in die gesetzliche Rentenversicherung eingezahlt haben. Solange die konjunkturelle Lage im fordistischen Kapitalismus günstig erschien, ging diese Rechnung für viele auf. Noch 1986 konnte Norbert Blüm als Bundesarbeitsminister in einer großangelegten Plakataktion verkünden: »Denn eins ist sicher: Die Rente«. Im Jahr 1985 betrug das Netto-Rentenniveau in der gesetzlichen Rentenkasse noch 57% des durchschnittlichen Verdienstes. Seitdem ist es nahezu kontinuierlich abgesunken und soll im Jahr 2030 nur noch bei 43% liegen.

Die Vorstellung von einer staatlich subventionierten Zusatzversicherung im Rahmen der Riester-»Reform« erwies sich als unhaltbar, als das Zinsniveau im Zusammenhang mit der Finanzkrise ins Bodenlose fiel. Die Folge davon ist, dass eine Generation von Arbeitnehmer/innen, die sowohl durch die langjährig schlechte wirtschaftliche Lage keinen ausreichenden Rentenanspruch im Sinne der Rentenversicherung erworben hat als auch es sich nicht leisten konnte, eine Riesterrente abzuschließen, im Rentenalter unzureichend versorgt sein wird.

In seinem aktuellen »Armutsbericht« macht der DPW auf die auf uns »zurollende Lawine der Altersarmut« anhand der Statistik zur Armutsgefährdung aufmerksam. »Erstmalig lag ihre Armutsquote 2014 mit 15,6% über dem Bundesdurchschnitt und somit waren sie leicht überproportional von Armut betroffen. Dies allein müsste noch kein Anlass für besondere Aufmerksamkeit sein. Es ist die dahinter sich verbergende Dynamik, die alarmieren muss. Die Armutsquote der Rentner liegt heute um 46% höher als 2005, als es noch 10,7% waren. Sie ist damit fast zehnmal so stark gewachsen wie die Gesamtquote.« (DPW 2016: 25)

Ein relativ neuer Indikator in der Sozialberichterstattung ist die Statistik zum Empfang von Altersgrundsicherung bei der über 65-jährigen Bevölkerung. Diese Sozialleistung gibt es seit 2003 für die ältere Bevölkerung als Pendant zum Arbeitslosengeld II für Personen im erwerbsfähigen Alter. Sie wurde u.a. mit der Begründung eingeführt, dass den bedürftigen Älteren der Gang zum Sozialamt erspart werden sollte. Obgleich davon ausgegangen wird, dass viele anspruchsberechtigte Menschen diese Leistung nicht in Anspruch nehmen,

Armutsentwicklung und Gesundheit im Land Berlin

Abbildung 7: Empfänger/-innen von Altersgrundsicherung außerhalb von Einrichtungen als Anteil der über 65-Jährigen in den Berliner Bezirken (31.12.2014)

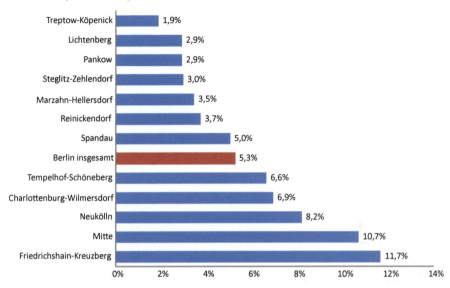

Quelle: Senatsverwaltung für Gesundheit und Soziales (GSI)

kann man mithilfe dieser Statistik den Anteil an älteren Menschen, die am Rande der Armut leben, einschätzen. Im Folgenden wird die Inanspruchnahme dieser Leistung in Berlin und den Bezirken anhand der Statistik der Berliner Senatsverwaltung für Gesundheit und Soziales (GSI) analysiert.[4]

Noch extremer als beim Empfang von ALG II sind die Unterschiede zwischen den einzelnen Bezirken im Hinblick auf die Bezieher/innen von Altersgrundsicherung (vgl. Abbildung 7). Bei den Spitzenreitern, Friedrichshain-Kreuzberg (11,7%) und Mitte (10,7%), liegt das Niveau über fünfmal höher als in Treptow-Köpenick, wo lediglich 1,9% der älteren Bevölkerung Altersgrundsicherung bezieht. Insgesamt beziehen 5,3% der älteren Bevölkerung in Berlin diese Leistung. Bislang liegt das Niveau bei der Altersgrundsicherung deutlich niedriger als beim ALG II. Noch sind in der Mehrzahl Rentner/innen und Pensionäre aus der Generation, in der die Rente mehr oder weniger existenzsichernd ist, im Ruhestand. Dies wird sich jedoch in wenigen Jahren ändern. Und: Der

---

[4] Sogar die Bundeszentrale für politische Bildung geht davon aus, dass »ein erheblicher Teil der Bezugsberechtigten von dem Recht auf aufstockende Grundsicherungsleistungen keinen Gebrauch macht«. (bpb 2014)

Abbildung 8: Empfänger/-innen von Altersgrundsicherung außerhalb von Einrichtung in Berlin als Anteil der jeweiligen Altersgruppe (31.12.2014)

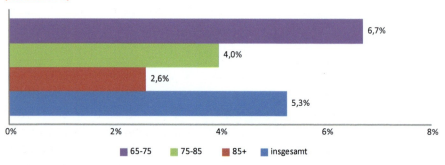

Quelle: Senatsverwaltung für Gesundheit und Soziales (GSI)

Anteil der Rentner/innen, die arm sind, ist, wie wir gesehen haben, deutlich höher als der Anteil der Grundsicherungsempfänger/innen – ein deutlicher Hinweis auf die viel zu rigorosen Zugangsvoraussetzungen für den Empfang der Grundsicherung und/oder die (wegen Scham oder Unkenntnis) Nichtinanspruchnahme dieser staatlichen Leistung.

Nicht nur zwischen den Bezirken, sondern auch je nach Alter zeigen sich größere Unterschiede beim Empfang von Altersgrundsicherung. Abbildung 8 gibt den Empfang von Altersgrundsicherung nach Altersgruppe wieder. Hier ist insbesondere das Niveau der Bedürftigkeit in den einzelnen Altersgruppen von Interesse. Entgegen mancher Vorstellung verläuft der Gradient hier anders: Je älter die Menschen, desto niedriger der Anteil an Grundsicherungsempfänger/innen. Der Anteil der Menschen, die Altersgrundsicherung beziehen, ist über zweimal so hoch in der Gruppe der 65- bis 75-Jährigen als bei den über 85-Jährigen.

Dieses Phänomen bestätigt die Ergebnisse des DPW im Hinblick auf das Risiko der Armutsgefährdung in der älteren Bevölkerung und zeigt offenbar bereits die Auswirkungen vergangener Rentenreformen für die Betroffenen. Die Tatsache, dass das Rentenniveau in den nächsten Jahren weiter sinken soll und dass Menschen aus den geburtenstarken Jahrgängen mit unregelmäßigen Erwerbsbiografien zunehmend ins Rentenalter kommen werden, lässt für zukünftige Rentnergenerationen Schlimmes erahnen.

Ungleiche Lebensbedingungen = ungleiche Gesundheit?

Der Zusammenhang zwischen der sozialen Lage der Bewohner/innen eines Gebietes und deren Gesundheit beschäftigt die Gesundheitswissenschaften seit ihrer Entstehung. Schon im letzten Jahrhundert wurde die enge Verbindung zwischen einer ungünstigen sozialen Lage und der Inzidenz von bestimmten Krankheiten bzw. der Mortalität eindeutig nachgewiesen. Hierbei ging es oft um Faktoren wie schlechte Hygiene oder die Verarmung ganzer Bevölkerungsschichten, die inzwischen weitestgehend beseitigt sind. Trotz der allgemeinen Verbesserung der Lebensbedingungen der Bevölkerung in Deutschland insgesamt im Zuge der wirtschaftlichen Entwicklung sowie des Ausbaus der Sozialversicherungssysteme nach dem Zweiten Weltkrieg ist das Thema in den letzten Jahren wieder höchst aktuell geworden. Obwohl es hierzulande keine grundsätzlichen finanziellen Barrieren im Gesundheitssystem gibt, wird immer wieder eine hohe Korrelation zwischen der sozialen Ungleichheit und der Gesundheit des Einzelnen festgestellt (vgl. u.a. Lampert/Mielck 2008, Richter/Hurrelmann 2009, Lampert et al. 2005). Die Ursachen für diesen Zusammenhang liegen weniger in formellen Barrieren zur Inanspruchnahme von gesundheitlicher Versorgung, sondern eher in den Lebensumständen der betroffenen Menschen, ihrem Gesundheits- und Risikoverhalten sowie in der Zielgruppenorientierung und Gestaltung der Präventionsangebote.

Ein Blick in die Gesundheitsberichterstattung des Landes Berlin bzw. der Berliner Bezirke zeigt, dass die Gesundheit der Bevölkerung stark von der jeweiligen sozialen Lage abhängig ist. So ist z.B. im »Handlungsorientierten Sozialstrukturatlas Berlin 2013« zu erfahren, dass es im Zeitraum 2009 bis 2011 erhebliche Unterschiede in der mittleren Lebenserwartung (LE) in den Berliner Bezirken bei beiden Geschlechtern gab (158f.). So lebten z.B. Männer im gut situierten Bezirk Charlottenburg-Wilmersdorf (mittlere LE: 79,5 Jahre) ganze 3,6 Jahre länger als ihre Geschlechtsgenossen im überwiegend sozial benachteiligten Bezirk Mitte (mittlere LE: 75,9 Jahre). Bei den Frauen sieht die Lage ähnlich aus, nur auf etwas höherem Niveau. Wir reden aber hier nicht von zwei Kommunen in unterschiedlich wohlhabenden Ländern bzw. Bundesländern, sondern von zwei angrenzenden Gebieten innerhalb Berlins.

Die genauen Ursachen für die gesundheitlichen Unterschiede in der Bevölkerung zwischen den Berliner Bezirken sind vielfältig und schwer zu ergründen. Es gibt in Deutschland nur wenige Datenquellen, die Angaben zum Gesundheitszustand der Bevölkerung machen, und so gut wie keine Quelle, die ebenfalls Informationen zur sozialen Lage der betroffenen Menschen bereitstellt. Dadurch müssen derartige Korrelationen entweder räumlich hergestellt werden, wie oben bei der Lebenserwartung, oder aus Befragungen entnommen werden, z.b. in den Befragungen des Robert-Koch-Instituts (DEGS, GEDA usw.). Diese sind jedoch nur für ganz Deutschland aussagekräftig. Eine relativ neue Analyse im Zusammenhang mit dem Thema Umweltgerechtigkeit befasst sich mit der Tatsache, dass sozial benachteiligte Menschen nicht nur durch eine Reihe von individuellen Faktoren gesundheitlich belastet werden, sondern oft auch durch ihr Wohnumfeld einer Reihe zusätzlicher Umweltbelastungen ausgesetzt sind (vgl. den Beitrag von Butler/Bömermann 2016, in: Berliner Senatsverwaltung für Stadtentwicklung, in Druck).

Wenn man arm ist, muss man früher sterben

Eine der wenigen Datenquellen, die mindestens retrospektiv Schlussfolgerungen zur Gesundheit einer Bevölkerung erlaubt, ist die amtliche Todesursachenstatistik. Diese Statistik enthält zwar keine personenbezogenen Angaben zur sozialen Lage oder Lebensweise des Verstorbenen (z.B. Raucher oder nicht), aber sie kann, zumindest in Berlin, räumlich den Planungsräumen – und dadurch deren sozialer Lage – zugeordnet werden. Sie bildet auch die Basis zur Berechnung der oben dargestellten Unterschiede in der Lebenserwartung zwischen den Bezirken.[5] Insbesondere die »vorzeitige Sterblichkeit«, d.h. die Mortalität von Menschen im Alter von 0 bis unter 65 Jahren, wird als Messlatte für gesundheitliche Ungleichheit betrachtet, da man davon

---

[5] Da die amtliche Bevölkerungsstatistik bislang keine Erhebung von Daten zu den natürlichen Bevölkerungsbewegungen unterhalb der Ebene der Kommune (in diesem Fall Berlin) vorgesehen hat, sind kleinräumige Auswertungen dieser Daten in Deutschland bislang selten. In Berlin wurden kleinräumliche Analysen der Mortalität dadurch möglich, dass im Rahmen des fachlich abgestimmten Datenpools Angaben zur Mortalität der Bevölkerung für die Planungsräume (die kleinsten LOR) für die Jahre 2006 bis 2012 verfügbar gemacht worden sind. In Berlin wurde bis Ende 2013 die Adresse als Hilfsmerkmal auf dem Leichenschauschein festgehalten, um die Bevölkerungsbewegungen in den Bezirken abzubilden. Da diese Vorgehensweise im Bevölkerungsstatistikgesetz von 2013 ausdrücklich ausgeschlossen wurde, wird es in den Jahren 2014 und 2015 im Land Berlin weder eine bezirkliche noch eine kleinräumige Todesursachenstatistik geben. Im Frühjahr 2014 wurde das neue Gesetz stillschweigend geändert, sodass die Wohnadresse als Hilfsmerkmal bundesweit aufgenommen wird.

Armutsentwicklung und Gesundheit im Land Berlin

ausgeht, dass durch Maßnahmen der Prävention bzw. der Leistungen der Gesundheitsversorgungssysteme die Vermeidung des Todes in den jüngeren Altersgruppen möglich sein sollte.

Neben der Lebenserwartung werden im Sozialstrukturatlas 2013 ebenfalls gravierende Unterschiede in vorzeitlicher Sterblichkeit sowohl zwischen den Bezirken als auch zwischen den kleinsten LOR, den Planungsräumen, festgestellt. Bei der Betrachtung der Verteilung der vorzeitigen Sterblichkeit in den Planungsräumen werden auch Korrelationen mit der jeweiligen sozialen Lage der Gebiete sichtbar, z.b. mit dem Anteil der erwerbsfähigen Hilfebedürftigen nach SGB II, d.h. der Hartz IV-Empfänger/innen (ebd.: 139)

Der Zusammenhang zwischen Sterblichkeit und sozialer Lage kann auch auf der bezirklichen Ebene anhand von einzelnen Todesursachen gezeigt werden. Das heißt, dass die soziale Lage der Bevölkerung mit unterschiedlichen Mortalitätsarten korreliert, z.b. mit Sterbefällen durch Krankheiten, die durch Rauchen oder Alkoholmissbrauch ausgelöst werden können, oder auch mit der Sterblichkeit durch Herz-Kreislauferkrankungen – insbesondere jedoch mit der »vermeidbaren Sterblichkeit«[6] (vgl. z.B. SenGesSoz 2011, BA Mitte 2006). Die meisten Todesursachen, die eng mit der sozialen Lage der Bevölkerung zusammenhängen, sind chronische Krankheiten, die nicht durch kurzfristige Erkrankungen usw. verursacht werden, sondern durch eine langjährige Exposition zu gesundheitsschädlichen Lebensbedingungen bzw. durch eine ungesunde Lebensweise.

Abbildung 9 auf der folgenden Seite zeigt die altersstandardisierte vermeidbare Mortalität[7] der Bevölkerung in den Bezirken an ischämischen Herzkrankheiten (Gefäßerkrankungen) für die Jahre 2011 bis 2013 (SenGesSoz, GSI). Ein Blick auf die jeweiligen Extreme in der bezirklichen Rangordnung zeigt ein bekanntes Muster: Die Mortalität in Mitte ist mehr als doppelt so hoch wie im bestplatzierten Bezirk, Steglitz-Zehlendorf, und die am stärksten belasteten Bezirke sind allesamt sozial benachteiligt.

---

[6] Der Begriff »vermeidbare Sterbefälle« wurde von der WHO geprägt und bezieht sich auf ausgewählte Todesursachen, die bei optimaler Versorgung als vermeidbar gelten. Nicht eingeschlossen sind hierbei – abgesehen von Kraftfahrzeugunfällen – Todesfälle, die auf fahrlässiges oder schuldhaftes Verhalten einzelner zurückzuführen sind.

[7] Bei den ischämischen Herzkrankheiten werden von der WHO alle Sterbefälle im Alter von 35 bis 64 Jahren als vermeidbar betrachtet.

Abbildung 9: Vermeidbare Mortalität in den Berliner Bezirken an ischämischen Herzkrankheiten – je 100.000 der altersstandardisierten Bevölkerung alt (2011-2013)

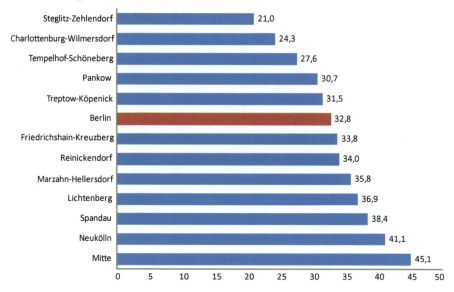

Quelle: Senatsverwaltung für Gesundheit und Soziales (GSI)

Gesundheit im Kindesalter – eine sehr sensible Lebensphase

Wie bereits erläutert, kommen die erheblichen Unterschiede in der Mortalität zwischen den Bezirken nicht von ungefähr. Das Gesundheitsverhalten eines Menschen entwickelt sich zu einem großen Anteil sehr früh. Vieles hängt von der Situation im Elternhaus ab. Eltern sind sehr wichtige Vorbilder für ihre Kinder und die Gesundheit des Kindes hängt stark vom Gesundheitsverhalten und -bewusstsein der Eltern ab. In der Kindheit geprägte Ernährungsgewohnheiten können sich im Erwachsenenalter fortsetzen und langfristig für die Gesundheit mitbestimmend sein.

Ungesunde Ernährung, wenig Bewegung und Übergewicht fangen oft in der Kindheit an und können später zu Fettstoffwechselstörungen, Bluthochdruck, Diabetes mellitus, Herzinfarkten und Schlaganfällen führen. Diese Krankheiten machen das Gros der Mortalität im Erwachsenenalter aus und – wie oben erläutert – korrelieren stark mit der sozialen Lage eines

Gebietes. In einer Studie in der britischen Zeitschrift »The Lancet Diabetes & Endocrinology« wurden die gesundheitlichen Risiken untersucht für den Fall, dass das kindliche Übergewicht nicht im Laufe des Erwachsenwerdens wieder verschwindet. Laut Grover et al. (2015) sterben adipöse Menschen allein an Diabetes und Herz-Kreislauferkrankungen bis zu zehn Jahre früher als Normalgewichtige!

Die Schuleingangsuntersuchung (ESU) ist die wichtigste Datenquelle für Kindergesundheit in Berlin. Hier wurden seit 2001 präventionsrelevante Informationen über die Schulanfänger/innen per EDV festgehalten, die zum Zweck der Gesundheitsberichterstattung ausgewertet werden. Diese schließen u.a. den Gewichtsstatus, die Inanspruchnahme der Vorsorgeuntersuchungen, den Impfstatus sowie die S-ENS-Funktionsdiagnostik – z.B. zur Grob- und Feinmotorik – ein. Ebenfalls werden Informationen zum Kitabesuch, zum Migrationsstatus, sowie zur sozialen Lage und kleinräumigen Zuordnung der Familien erhoben. Mithilfe des Alters, des Geschlechtes, der Körpergröße und des Köpergewichts der Kinder wird anhand des Referenzsystems von Kromeyer-Hausschild et al. der Gewichtsstatus festgestellt.

In der neuesten Grundauswertung der Schuleingangsuntersuchung für das Land Berlin (Bettge/Oberwöhrmann 2015) wurde u.a. auch das Vorkommen von Übergewicht und Adipositas nach soziodemografischen Merkmalen festgestellt. Auffällig war der starke soziale Schichtgradient bei dieser Variable. Waren lediglich 4% der Schulanfänger/innen in der oberen sozialen Statusgruppe übergewichtig oder adipös, betrug der Anteil in der unteren Statusgruppe 16%, d.h. er war viermal so hoch. Darüber hinaus gab es in einigen Herkunftsgruppen sehr hohe Anteile von Übergewicht und Adipositas. Insbesondere Kinder türkischer (20,1%) und arabischer (15,9%) Herkunft wiesen hohe Anteile im Vergleich zu den Kindern deutscher Herkunft (6,1%) auf. Da Kinder aus diesen Herkunftsgebieten sehr häufig aus Familien in der unteren sozialen Statusgruppe kommen (vgl. Abbildung 4 in »Stadt der Vielfalt«), ist diese Korrelation nicht verwunderlich. Da die Unterschiede zwischen den Herkunftsgruppen größer sind als die zwischen den Statusgruppen, kann man u.U. davon ausgehen, dass es über die schlechte soziale Lage hinausgehende Risikofaktoren für das Vorkommen von Übergewicht gibt, die kulturell bedingt sind und auch bei der Prävention berücksichtigt werden müssen.

Wie auch aus der Darstellung der ungleichen sozialen Lage in den Bezirken und LOR in Berlin zu erwarten, manifestiert sich das Problem des Übergewichts im Kindesalter auch in der ungleichen Betroffenheit der Bevölkerung in den Untergliederungen von Berlin. Abbildung 10 zeigt die bezirkliche Rang-

Abbildung 10: Gewichtsstatus der Schulanfänger/innen in den Berliner Bezirken (2014)

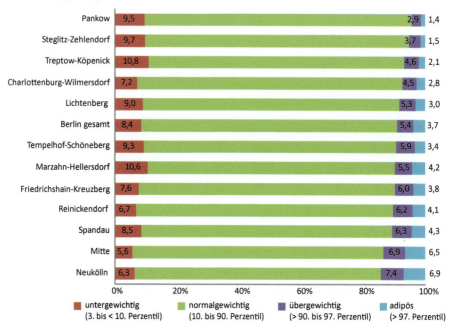

Quelle: Amt für Statistik Berlin-Brandenburg

ordnung in Bezug auf den Gewichtsstatus. Wie wir an verschiedenen anderen Indikatoren ablesen konnten, sind insbesondere die sozial benachteiligten Bezirke vom kindlichen Übergewicht betroffen, während das Problem in den bessergestellten Bezirken kaum existent ist.

Abbildung 11 stellt den Anteil der übergewichtigen und adipösen Kinder bei der Schuleingangsuntersuchung in den Prognoseräumen in Berlin im Jahre 2013 dar. Bereiche, in denen mehr als 14% der Schulanfänger/innen übergewichtig sind, finden sich insbesondere in einigen eher zentral gelegenen Prognoseräumen in Berlin. Wie angesichts der Literatur zu erwarten, zeigt der Vergleich mit der räumlichen Verteilung der Hartz IV-Empfänger/innen eine sehr hohe Übereinstimmung. Insbesondere die Kinder aus sozial benachteiligten PRG in Mitte, Kreuzberg und Neukölln sind von Übergewicht und Adipositas betroffen.

So schließt sich der Kreis zwischen der sozialen und der gesundheitlichen Lage der Kinder – und später der Erwachsenen – in den Nachbarschaften in

Armutsentwicklung und Gesundheit im Land Berlin

Abbildung 11: Anteil der übergewichtigen und adipösen Kinder bei der Schuleingangsuntersuchung in den Prognoseräumen in Berlin (2014)

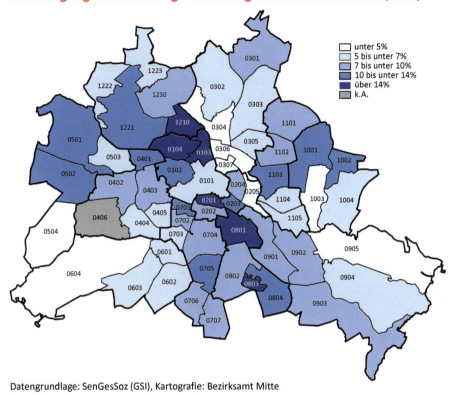

Datengrundlage: SenGesSoz (GSI), Kartografie: Bezirksamt Mitte

Berlin. Wenn man hinzunimmt, dass die gesundheitliche Versorgung in den eher wohlhabenden Gebieten in der Regel deutlich besser (bzw. dichter) als in den sozial benachteiligten Stadtteilen ist, wird die Benachteiligung der sozial schwächeren Bevölkerungsgruppen noch einmal potenziert.

Wie komme ich zum nächsten Arzt?

Auch die gesundheitliche Versorgung eines Gebietes spielt eine wichtige Rolle bei der Gesundheit der Bevölkerung. Objektiv gesehen sind die Menschen im Ballungsraum Berlin von der Versorgungsdichte her deutlich besser versorgt als die in den ostdeutschen Flächenländern. Normal bewegliche Menschen können ohne weiteres quer durch die Stadt fahren, um den Arzt ihrer Wahl aufzusuchen – und sie tun es auch. Nichtsdestotrotz ist eine wohnortnahe Versorgung in vielen ärztlichen und therapeutischen Fachbereichen weiterhin erstrebenswert. Die Inanspruchnahme und Akzeptanz gesundheitlicher Angebote vonseiten der Bevölkerung steigt mit der Erreichbarkeit und dem Bekanntheitsgrad der Einrichtungen. Dies gilt insbesondere für Personengruppen, die durch ihr Alter bzw. durch physische, psychische oder sonstige Behinderungen in ihrem Bewegungsradius eingeschränkt sind.

Die Sicherung der ambulanten ärztlichen und therapeutischen Versorgung in Deutschland – wie auch in Berlin – wird durch die zuständige Kassenärztliche Vereinigung (KV) gewährleistet. Aus der oben beschriebenen Situation von Menschen mit eingeschränkter Mobilität wird deutlich, dass z.B. die Versorgung mit Hausärzten/innen, Frauenärzten/innen sowie Kinderärzten/innen mit einem anderen Maßstab gemessen werden sollte als die der spezialisierten Internisten, der Radiologen oder die der Laborärzte/innen. Die Bedarfsplanungsrichtlinie der Kassenärztlichen Bundesvereinigung sieht dies auch vor und legt fest, wie viele Ärzte/innen welcher Fachrichtung in einem Versorgungsgebiet für die jeweilige Anzahl der Bewohner/innen bereitstehen sollen. Auf dieser Basis kann der Versorgungsgrad in einem Gebiet in den einzelnen Fachgebieten errechnet werden.[8]

Das Problem in Berlin entsteht dadurch, dass die Versorgungsgebiete in den letzten 15 Jahren immer größer geworden sind, sodass die Gefahr, dass durch Praxisumzüge usw. Disparitäten entstehen, ständig größer wurde. Bis zum Jahre 2001 (Bezirksreform) bildeten die 23 früheren Bezirke die ärztlichen Versorgungsgebiete in Berlin. Von 2001 bis 2003 waren es die zwölf neuen Bezirke. Seit 2004 ist jedoch ganz Berlin ein Versorgungsgebiet. Schon in den alten Bezirken zeigten Analysen eine Tendenz hin zu einem sehr dichten Netz der ärztlichen Versorgung in den zentral gelegenen Stadtteilen und einer wesentlich lückenhafteren ambulanten Versorgung an der Peripherie bzw. in sozial benachteiligten Gebieten (vgl. BA Tiergarten 1997). Dies hat sich durch

---

[8] Dieser entsteht durch den Vergleich zwischen der tatsächlichen Anzahl der Ärzte und der für die Versorgung der Bevölkerung eines Versorgungsgebietes notwendigen Ärzte. Als Überversorgung in einer Fachrichtung wird definiert, wenn der Versorgungsgrad 110% übersteigt. Dann wird diese Fachrichtung mit einer Zulassungssperre für dieses Gebiet belegt. Sobald die Versorgung wieder auf unter 100% sinkt, wird die Beschränkung aufgehoben. Nach Angaben der Kassenärztlichen Vereinigung liegt eine tatsächliche Unterversorgung bei einem Versorgungsgrad unter 50% vor.

Armutsentwicklung und Gesundheit im Land Berlin

die Bezirksreform noch verstärkt (vgl. BA Mitte 2006). Seit der Aufhebung der Bezirke als Versorgungsgebiete gab es nicht einmal ein minimales Hindernis für diese Entwicklung. Das führte dazu, dass in den letzten Jahren immer wieder Praxen in sozial benachteiligten Gebieten geschlossen und in Gebiete verlegt wurden, wo die Ärzte/innen hoffen, mehr Privatpatienten/innen zu erreichen.

Diese Entwicklung verlief jedoch nicht unbemerkt. Bis 2009 bekamen die Bezirke für ihre Gesundheitsberichterstattung auf Anfrage aktuelle Ärzte- und Therapeutenlisten von der KV Berlin, die sie verwenden konnten, um den Überblick über die Entwicklung ihrer ambulanten Versorgung zu behalten und ggf. gegenzusteuern. Immer wieder wurde festgestellt, dass Arztpraxen in für die örtliche Versorgung wichtigen Fachgebieten in Teilen der sozial benachteiligten Bezirke (z.B. von Neukölln oder Mitte) oder in Bezirken an der Peripherie (z.B. Reinickendorf oder Lichtenberg) fehlten und dass Fachgebiete in sozial bessergestellten Gebieten (z.B. Charlottenburg-Wilmersdorf oder Steglitz-Zehlendorf) drei- oder vierfach versorgt waren. Das Versorgungsgebiet (ganz Berlin) war jedoch in allen Fachgebieten tendenziell überversorgt.

In einer öffentlichen Diskussion anlässlich der Auswertung der ambulanten ärztlichen Versorgung im Bezirk Mitte (BA Mitte 2006) fühlte sich die Kassenärztliche Vereinigung Berlin keineswegs zuständig bei der Suche nach einer Lösung für die Disparitäten. Stattdessen wies sie darauf hin, dass der Berliner Senat und die Krankenkassen für die Erweiterung des Versorgungsgebiets verantwortlich seien. In einem eher als zynisch zu verstehenden Redebeitrag schlug der damalige Geschäftsführer der KV vor, dass die (chronisch unterfinanzierten) Bezirke den (bestimmt nicht am Hungertuch nagenden) niedergelassenen Ärzten/innen kostenlose Praxisräume zur Verfügung stellen sollten, um ihnen eine Umsiedlung in unterversorgte Gebiete schmackhaft zu machen. Soviel zum Sicherstellungsauftrag der KV Berlin.

In einer Auswertung der ärztlichen Versorgung auf der Ebene der PRG in einem internen Diskussions- und Argumentationspapier stellte die Berliner Senatsverwaltung für Gesundheit und Soziales 2010 fest, dass es große Unterschiede in der Versorgungsdichte in einigen Bedarfsplanungsgruppen in den PRG gab – z.T. auch innerhalb des gleichen Bezirkes. Ein Beispiel ist die Kinderarztversorgung im Bezirk Friedrichshain-Kreuzberg. Während der Versorgungsgrad mit Kinderärzten/innen im sozial stark benachteiligten Prognoseraum Kreuzberg-Nord lediglich 37% betrug, waren es 220% im etwas besser gestellten PRG Kreuzberg-Ost. Spitzenreiter in diesem Fachgebiet war ein Prognoseraum im sozial bessergestellten (und kinderreichen) Bezirk

Pankow mit 669% (SenGesSoz 2010: 10). Fazit der Auswertung war, »dass der Planungsbezirk Berlin anhand der Bedarfsplanungskriterien in allen Bedarfsplanungsgruppen zu über 100% versorgt ist. (...) Auf der Ebene der Prognoseräume ist festzustellen, dass es keine BP-Gruppe gibt, die in allen Räumen mindestens eine Normalversorgung aufweist.« (ebd.: 4)

Seit 2010 stellt die Kassenärztliche Vereinigung den Bezirken aus Gründen des Datenschutzes[9] keine Ärzteliste mehr zur Verfügung. Die Weitergabe von Daten zur ärztlichen Versorgung unterhalb der Bezirksebene – auch an die zuständige Senatsverwaltung – erfolgt sehr unterschiedlich, sodass viele Bezirke sich nur zu helfen wussten, indem sie die (unvollständigen) Angaben zur Lage der Arztpraxen mühsam dem Internet entnommen haben. Gegenwärtig wäre der frühere Vorschlag der KV, Ärzte/innen Praxisräume zur Verfügung zu stellen, gar nicht mehr umsetzbar. Die meisten Bezirke mit unterversorgten Gebieten würden gar nicht wissen können, wo welche Ärzte/innen in der Versorgung fehlten. Momentan versuchen die Bezirke von der KV mindestens eine Aufstellung über die Zahl der Ärzte/innen und Therapeuten/innen in den einzelnen Bedarfsplanungsgruppen zu erhalten, sodass sie wenigstens einen Überblick über die Entwicklung der ambulanten Versorgung bekommen.

In der letzten Zeit gab es etwas Bewegung in der Frage der Ärzteverteilung. Die KV und die Senatsverwaltung sprechen darüber im Landesausschuss nach §90 SGB V. In der Diskussion sind Überlegungen, die Bedarfsplanung um demografische, sozialstrukturelle und morbiditätsbasierte Parameter zu erweitern (vgl. Czaja et al. 2012). Hierüber gibt es auch einen »Letter of Intent«. Konkret herausgekommen ist jedoch lediglich die faktische Wiedereinführung von Sperren für Praxisumzüge und Neueröffnungen in bereits überversorgten Bezirken. Für die Berücksichtigung von Disparitäten unterhalb der Bezirksebene konnte offenbar kein Konsens gefunden werden.

Ein großes Hindernis bei der Zurückbildung der Konzentration in stark überversorgten Gebieten und der Verlegung von Praxen in unterversorgte Gebiete ist die Tatsache, dass Arztpraxen in Deutschland de facto als Wirtschaftsgüter betrachtet werden, mit Abstands- und Ablösezahlungen für die Übernahme einer Kassenzulassung, sodass ein stärkeres Eingreifen der regulierenden Behörden in attraktiven Einzugsgebieten als Eingriff in die Eigentumsverhältnisse der betroffenen Ärzte/innen betrachtet werden würde.

---

[9] Hier berief sich die KV Berlin auf §285 des SGB V – eine sehr restriktive (und schlecht formulierte) Passage, die eigentlich der KV so gut wie jegliche Nutzung der Ärzteangaben verbietet.

Prekärer Aufschwung – die lange Krise der Berliner Wirtschaft

Wandbild Admiralstraße Nähe Kotti

1992 veröffentlichte die Landesbank Berlin (LBB) unter der Herausgeberschaft des damaligen Vorsitzenden des Vorstandes, Hubertus Moser, einen Sammelband »Berlin-Report. Eine Wirtschaftsregion im Aufschwung« (Moser 1992). Die LBB, selbst ein Kind der Vereinigung, beruhte in ihrem Kern auf der Berliner Sparkasse, deren Vorstandsvorsitzender Hubertus Moser war. 1994 entstand die Bankgesellschaft Berlin aus dem Zusammenschluss von LBB, Berliner Bank und der Berlin-Hannoverschen Hypothekenbank AG.

Kurz nach Beginn der Geschäftstätigkeit wurden Risiken im Kreditgeschäft der Berliner Bank deutlich, die erhebliche Wertberichtigungen erforderten. Der Finanzkonzern baute zudem ein umfang- und risikoreiches Immobiliendienstleistungsgeschäft auf, das die Bankgesellschaft in eine existenzgefährdende Krise manövrierte, aus der sie nur durch den Einsatz öffentlicher Mittel gerettet werden konnte. Aufgrund der in diesem Zusammenhang gewährten Beihilfen musste das Land Berlin auf Betreiben der EU seine Anteile an der Landesbank Berlin 2007 an die Sparkassen-Finanzgruppe verkaufen.

Hinter diesen nüchternen Fakten verbirgt sich ein beispielloser Raubzug der Berliner Klientelwirtschaft durch die öffentlichen Kassen. Die Bank hatte in den 1990er Jahren geschlossene Immobilienfonds aufgelegt, die den Anlegern feste Ausschüttungen aus den Mieten für 25 Jahre garantierten, obwohl es sich häufig um »Schrottimmobilien« handelte. »Außerdem wurde ein Extrazuckerl versprochen. Wenn die Immobilie nach 25 Jahren im Wert gesunken sei, zahle die Bank die Fondsanteile zu 100 Prozent zurück.« (Die Zeit 3.7.2003) Wer kann da schon widerstehen? Insgesamt 13 Mrd. Euro wurden eingezahlt – unter Beteiligung der Bankvorstände. Dass die üppigen Renditegarantien nicht eingehalten werden konnten, war kein Problem – wen stört es, denn haften musste die staatliche Bank und damit das Land Berlin mit seinen Steuereinnahmen (Rose 2003).

Folgen hatte dies auch für den ersten rot-roten Senat: Dieser übernahm mit Billigung der CDU eine Bürgschaft in Höhe von 21,6 Mrd. Euro. Diese Umverteilung öffentlicher Gelder auf private Konten schien damals einmalig skandalös – seit der großen Finanz- und Wirtschaftskrise 2009 ist jedoch klar, dass es sich dabei um ein Geschäftsmodell neoliberaler Wirtschaftspolitik handelte. Mit der Gründung der Bankgesellschaft war natürlich die Hoffnung verbunden, im internationalen Geldgeschäft mitmischen zu können, zum Global Player zu werden, ein Wunsch, der bei anderen Landesbanken ebenfalls verbreitet war.[1] (siehe Bischoff/Hackbusch/Radke 2016) Im Falle Berlins

---

[1] So auch bei der HSH Nordbank. Diese Bank muss von den Landesregierungen Hamburg

Prekärer Aufschwung – die lange Krise der Berliner Wirtschaft

war dieser Wunsch jedoch Teil eines weiterreichenden Wunschdenkens, das nach der Vereinigung um sich griff. So heißt es in besagtem Sammelband von den Experten des Deutschen Instituts für Wirtschaftsforschung (DIW): »Berlin wird zu einem bedeutenden mitteleuropäischen Verkehrsknotenpunkt werden (...) Berlin wird zu einem wichtigen Ort für die Vorbereitung und Abwicklung des wirtschaftlichen Austauschs mit den osteuropäischen Ländern werden (...) Berlin wird den in mancher Hinsicht bestehenden Rückstand bei der Entwicklung einer großstädtischen Wirtschaftsstruktur aufholen.« (Brenke/Geppert 1992: 49)

Im gleichen Atemzug wurden für Westberlin hohe Wachstumsraten des realen Bruttoinlandsprodukts (BIP) und der Zahl der Erwerbstätigen prognostiziert. Für Ostberlin wurde eine schnelle Umstrukturierung und Modernisierung und ebenfalls eine starke wirtschaftliche Expansion vorhergesagt. Diese positiv gefärbten Entwicklungsprognosen wurden jedoch nicht von allen geteilt, realistischere Einschätzungen gingen von einer erheblichen marktinduzierten Potenzialvernichtung mit starken Arbeitsplatzverlusten im Raum Berlin aus (vgl. Krüger u.a. 1991).

Auch Klaus Wowereit kritisierte im Rückblick die Markt gesteuerte Eingliederungspolitik der DDR und Ostberlins im Zuge der Vereinigung. Insbesondere die plötzliche Abschaffung des umfangreichen Subventionssystems der Westberliner Wirtschaft sei ein Fehler gewesen und habe eine schrittweise Anpassung an die neuen Strukturen verhindert. »[D]er Wegfall der Berlin-Hilfe von heute auf morgen war sicherlich ohne Übergangsfristen falsch (...)[, so]dass die großen Kombinate im Ostteil der Stadt nicht konkurrenzfähig waren und auch die Westberliner Wirtschaft die Konkurrenzfähigkeit ohne die Berlin-Hilfe dann nicht mehr hatte. Damit sind in der Tat Hunderttausende von industriellen Arbeitsplätzen verloren gegangen. Und an diesem Verlust hat Berlin ja lange laboriert und sie sind auch bis heute, zumindest im industriellen Bereich, nicht kompensiert worden.«[2]

---

und Schleswig-Holstein saniert, d.h. verkauft oder abgewickelt werden. Dazu wurden Kreditermächtigungen von über 16 Mrd. Euro beschlossen, das ist mehr als die jeweiligen Landeshaushalte umfassen.

[2] Siehe Deutschlandfunk – Interview der Woche: Wowereit fordert Umzug nach Berlin, 9.11.2014. Mit Berlin-Hilfe meint Wowereit insbesondere die Umsatzsteuerpräferenzen auf den Absatz nach Westdeutschland, erhöhte Abschreibungsmöglichkeiten bei Anlagen, Ermäßigungen bei der Einkommens- und Körperschaftssteuer, zinsgünstige Kredite aus dem ERP-Sondervermögen (ERP=European Recovery Program). Diese Vergünstigungen führten andererseits zu enormen Steuerausfällen von 8,3 Mrd. DM im Jahr 1990.

Die Berliner Industrie bzw. das Produzierende Gewerbe erfuhr im Zuge des Vereinigungsprozesses einen beispiellosen Aderlass: 1990 gab es in diesem Wirtschaftsbereich in beiden Teilen der Stadt zusammen knapp 530.000 Erwerbstätige, im Jahr 1999 waren es noch 173.000. Spätere Untersuchungen hielten fest, dass im Ostteil der Stadt 1999 die Beschäftigung im Verarbeitenden Gewerbe noch 27% des Niveaus von 1991 betrug, im Westteil waren es im Jahr 2002 noch 50% (Mangelsdorf 2009).

Die Struktur der Industrie im West-Teil der Stadt war durch das Berlin-Förderungsgesetz deformiert worden und gekennzeichnet durch einen hohen Anteil innovationsarmer, wenig intelligenter Massenproduktionen, durch Unternehmen, bei denen Montage und Fertigung überproportional vertreten waren, mit wertschöpfungsarmen Prozessen (z.B. Zigarettenindustrie, Schokoladenindustrie, Kaffeeröstereien, Elektromontage etc.). Viele westdeutsche Unternehmen hatten in West-Berlin nur deshalb eine Produktionsstätte, um die steuerlichen Präferenzen, sprich Nachlässe, in Anspruch nehmen zu können. An einer Aufwertung der Berliner Standorte waren sie nicht interessiert – die qualitativ hochwertigen Unternehmensfunktionen befanden und befinden sich in Westdeutschland.

In Ostberlin waren die industriellen Kapazitäten, selbst wenn sie klangvolle Namen hatten, wie etwa der Niles Werkzeugmaschinenbau, die Narva Glühlampenproduktion, das Kabelwerk Oberspree (KWO), nicht haltbar und wenn sie durch privat-kapitalistische Konzerne übernommen wurden, dann nur für eine begrenzte Zeit und mit dem Ziel, diese Kapazitäten abzubauen.[3]

Generell muss man sagen, dass zu dieser Zeit das Interesse am Erhalt der Industrie nicht besonders ausgeprägt war – Industrie war etwas von gestern, stattdessen setzte man auf Dienstleistungen. »Die Frage ist jetzt die nach dem Weg in die Zukunft (...) Gibt es einen Sprung zur Dienstleistungsmetropole, wie das in den letzten zwei Jahren intensiv diskutiert wurde (...) oder muss man sich auf eine langsame Veränderung einstellen, also statt eines Struktursprungs einen Strukturwandel ins Auge fassen?« Realistischerweise ging Hartmut Häußermann in seinem Statement auf der industriepolitischen Konferenz des Wirtschaftssenators 1992 von einem weiteren Abbau der Fertigungs- und Montagearbeitsplätze aus und davon, dass An- und Ungelernte, die es in großer Zahl in den West-Berliner Fertigungsbetrieben gab, schlicht wegrationalisiert würden, »dass also ein bestimmtes Segment des

---

[3] Beispielhaft die Schließung des Werks für Fernsehelektronik nach der Übernahme durch Samsung.

Prekärer Aufschwung – die lange Krise der Berliner Wirtschaft

Arbeitsmarktes, das in der Vergangenheit eine wichtige Rolle gespielt hat, in der Stadt schlichtweg wegfällt«. (Ring 1992: 75)

Diese Entwicklung könne nicht einfach durch ein Wachstum der Dienstleistungsbeschäftigung kompensiert werden. Denn mit dem Wachstum der Dienstleistungen entstehe eine Polarisierung zwischen den hochqualifizierten und den unqualifizierten, schlecht bezahlten Arbeitsplätzen im Gastronomiegewerbe, im Tourismus, in der Reinigungsbranche und im Sicherheitsgewerbe, die unter diesen Bedingungen enorm schnell zunähme. Genau diese Polarisierung ist eingetreten, allerdings noch etwas deformierter, als Häußermann damals annahm. Dazu später mehr.

In Ostberlin überlebte keines der großen Kombinate. In Westberlin konnten sich immerhin die Werke von Siemens, BMW und Schering halten, aber nur ein großes deutsches Unternehmen verlagerte seinen Sitz in die Hauptstadt, die Deutsche Bahn AG. Soviel zu den Ansiedlungschancen, die sich Berlin im Zusammenhang mit der Vereinigung ausrechnete. Der kanadische Schienenfahrzeughersteller Bombardier errichtete nach der Übernahme der ostdeutschen Schienenfahrzeughersteller in Berlin sein Hauptquartier, schloss aber gleichzeitig mehrere Standorte in Berlin, Brandenburg und Sachsen-Anhalt. Die Folge: »Die Arbeitslosigkeit stieg von 1989 bis 1995 um mehr als zwei Drittel auf 13,6%. Zur Jahrtausendwende war trotz großzügiger Frühpensionierungen, Umschulungen und Arbeitsbeschaffungsmaßnahmen jeder sechste Erwerbstätige arbeitslos.« (Ther 2014: 191)

So kam es in dieser Zeit zu einem Rückgang des kaufkraftbereinigten Bruttoinlandsprodukts pro Kopf, mit gravierenden Auswirkungen auf die soziale Lage, unterschiedlich krass je nach Stadtteilen. Dort, wo viele Migrant/innen wohnen, in Neukölln, im hinteren Kreuzberg, Wedding, Moabit, ist das durchschnittliche Einkommen besonders niedrig und die Arbeitslosigkeit am höchsten. Hier liegt der Anteil der Arbeitslosen und Empfänger staatlicher Hilfeleistungen doppelt so hoch wie im Durchschnitt der Stadt. »Das unterstreicht, dass die eigentlichen Verlierer der Transformation nicht die Ost-Berliner, sondern die West-Berliner Migranten der zweiten und dritten Generation sind.« (ebd.: 219)

Die hohe Arbeitslosigkeit in Berlin hatte die Folge, dass viele Berliner/innen verarmten. Als arm gilt, wer über weniger als die Hälfte des durchschnittlichen Pro-Kopf-Einkommens verfügt. Das traf 2002 auf 435.000 Berliner/innen zu, mit steigender Tendenz in der Rezession von 2001-2004. Im Jahr 2005 lebte fast jede/r fünfte Berliner/innen unter der Armutsgrenze. Als die Arbeitslosigkeit wieder um ein Drittel zurückging, bewirkte die Ausbreitung der schlecht bezahlten Tätigkeiten im Zuge der Hartz-Reformen, dass die Armut blieb.

Die lange Transformationskrise hatte jedenfalls den Effekt, dass Wohnraum und Mieten lange Zeit günstig blieben, wovon auch Hotels, Gaststätten und die weithin bekannte Clubszene profitierten. Außerdem wurden durch die niedrigen Preise für Wohn- und Gewerbeimmobilien Galeristen, Künstler, und andere Vertreter der »creative industries« angezogen. Oder anders ausgedrückt: Die Industrie starb und dafür kam die Kunst und mit ihr »die ansehnliche Freibeuterschar der sogenannten Kreativwirtschaft aus Mode, Design und irgendetwas mit neuen Medien. Allein die Clubszene der Stadt gibt 8.000 Berlinern Arbeit.« (Jähner 2011)

Diese Personen prägen das Image Berlins als kulturelles Zentrum oder wie es der derzeitige Regierende Bürgermeister, Michael Müller, in seiner Regierungserklärung großspurig ausdrückte: »Diese Stadt des Wandels ist heute die einzige wirklich internationale Metropole in Deutschland. Sie ist die kreative und kulturelle Lebensader eines vereinten Europas.«[4]

Der bereits erwähnte Berliner Bankenskandal hatte nachdrückliche Auswirkungen auf die Spielräume politischen Handelns. Besonders die Beschäftigten des öffentlichen Sektors bekamen dies zu spüren: Berlin trat aus der Tarifgemeinschaft der Länder aus und kürzte die Gehälter seiner Beschäftigten um bis zu 12%. Die Infrastruktur der Stadt verkam zusehends. Inzwischen zeigt sich in vielen Bereichen, wie sträflich die öffentliche Infrastruktur vernachlässigt wurde. Ein Beispiel dafür ist der unverantwortlich schlechte Zustand der Schulgebäude, wozu es im Januar 2015 mehrere Pressemeldungen gab. Während die Investitionen in die Infrastruktur zu kurz kommen, fließen viele Millionen in Prestigeobjekte. Allerdings haben die Prestigeprojekte nicht substanziell zum Wachstum beitragen können, Ther (2014) spricht von einer verlorenen Dekade zwischen 1995 und 2005.

Interessant ist auch der Vergleich, den Ther zwischen Berlin und Warschau anstellt: »Während sich Warschau nach 1989 ein neues Gesicht gegeben hat, setzte der Berliner Senat auf Traditionalismus und Historismus. Das ästhetische Vorbild war das Berlin des späten Kaiserreiches und der zwanziger Jahre.« (Ther 2014: 212) Im Regierungsviertel wurden das architektonische Erbe des Sozialismus fast vollständig beseitigt und symbolische Orte, wie der Palast der Republik, abgerissen. Dafür wird das Stadtschloss der Hohenzollern,

---

[4] Regierungserklärung Michael Müller, »Unser Berlin – stark und solidarisch«, Pressemitteilung vom 15.1.2015.

dessen Reste während der Regierungszeit Ulbrichts gesprengt worden waren, gegenüber vom Berliner Dom wieder neu aufgebaut.

Andererseits hängt die Berliner SPD nach wie vor an den Vorstellungen einer autogerechten Stadt, davon zeugt der unbedingte Wille, die Stadtautobahn weiter auszubauen und Lücken zu schließen, ein Projekt, das Wowereit zum Eckpfeiler seiner Koalitionsregierung machte. Es fehlt daher an einem modernen Verkehrskonzept, das die Möglichkeiten einer Weiterentwicklung des öffentlichen Nahverkehrs in Kombination mit neuen umweltfreundlichen Technologien des Individualverkehrs (Elektromobilität) nutzt.

Berlin ist zu einem Magneten für junge Menschen aus ganz Europa geworden. Sie fühlen sich jedoch weniger vom alten Stadtzentrum angezogen, sondern halten sich abends in den Szenebezirken wie Friedrichshain oder Kreuzberg auf. Berlin hat ein doppeltes Gesicht: einerseits Weltoffenheit, andererseits Konservatismus verbunden mit einem problematischen Umgang mit der Vergangenheit.

Endlich geht es aufwärts in Berlin

So zumindest die offizielle Einschätzung des Berliner Senats. Nachdem Berlin nach dem Mauerfall jahrelang in einer Depression verharrte, zeigen die Daten seit 2005 eine kontinuierliche Verbesserung der ökonomischen Situation. Das DIW spricht von einem Ende des Sinkflugs und sieht Anzeichen für einen stabilen Aufholprozess – die Stadt wächst (Brenke 2010).

Im Zeitraum 2006 bis 2012 nahm die Bevölkerung von knapp 3,4 Mio. Personen auf 3,5 Mio. Personen zu, das entspricht einem Zuwachs von 3,6%. Die Berliner Zeitung liefert eine starke Wachstumsprognose. »Berlin wächst und wächst. Nach Prognosen des Senats sollten bis zum Jahr 2030 nur 250.000 Menschen nach Berlin ziehen, in einem maximalen Szenario 400.000. Schon jetzt werden diese Annahmen bei weitem übertroffen.« (21.1.2015). Diese Entwicklung wird durch die Bewegung der Schutzsuchenden noch verstärkt, die weitere Nachfragepotenziale nach Wohnungen und Arbeitsplätzen generieren wird.

Die regionale Ökonomie hat sich in den letzten Jahren gleichfalls deutlich belebt – die Wirtschaft wächst wieder, wenn auch von einem niedrigen Ausgangsniveau. Die Übersicht über die Entwicklung des Bruttoinlandsprodukts seit dem Jahr 2000 zeigt zum einen die negative Entwicklung in der ersten Hälfte der letzten Dekade, zum anderen wird die Belebung seit 2005 deutlich.

Prekärer Aufschwung – die lange Krise der Berliner Wirtschaft

Abbildung 1: Bruttoinlandsprodukt (real), Entwicklung in Berlin im Vergleich mit Deutschland

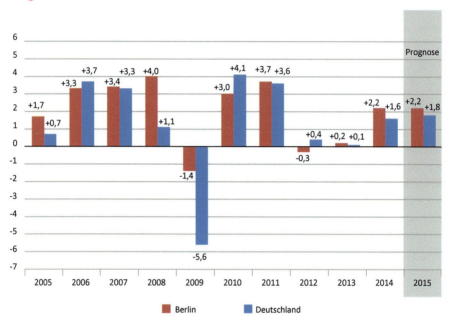

Quelle: Arbeitskreis »Volkswirtschaftliche Gesamtrechnung der Länder«, Statistisches Bundesamt

Ab 2005 beginnt die wirtschaftliche Leistung Berlin im Vergleich zu Gesamtdeutschland entweder stärker zu wachsen oder sie bewegt sich nahezu auf dem gleichen Niveau (siehe Abbildung 1).

Im Verlauf der großen Finanz- und Wirtschaftskrise schrumpft die Berliner Wirtschaft weniger stark als die gesamtdeutsche Ökonomie, 2009 nämlich nur um 1,3% gegenüber 5,1%. Dies hängt natürlich damit zusammen, dass die stark von der Krise betroffenen Exportbranchen in Berlin gar nicht vertreten sind. Seit 2010 wächst die Berliner Wirtschaft wieder, allerdings ist das Wachstum in den Jahren 2012 und 2013 deutlich geringer als vor dem Einbruch (0,6 bzw. 1,2%), im Jahr 2014 mit 2,2% aber wiederum deutlich stärker als in Deutschland insgesamt. Im Vergleich zu anderen Bundesländern steht Berlin im Jahr 2014 bei der Entwicklung des BIP an der Spitze, knapp hinter Baden-Württemberg, aber vor Bayern und der vergleichbaren Stadtstaatökonomie Hamburgs.

Prekärer Aufschwung – die lange Krise der Berliner Wirtschaft

Abbildung 2: Bruttoinlandsprodukt (real), Entwicklung im Vergleich der Bundesländer

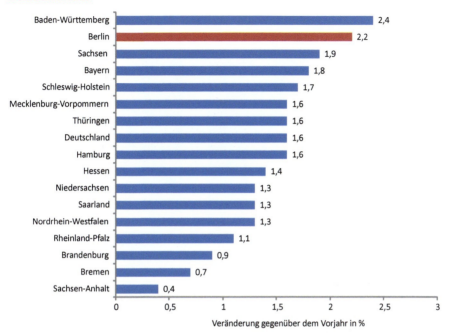

Quelle: Arbeitskreis »Volkswirtschaftliche Gesamtrechnung der Länder«, Angaben vor VGR-Revision 2014

Beschäftigung

Auch was die Entwicklung der Erwerbstätigkeit angeht, kann von einer kontinuierlichen Aufwärtsbewegung gesprochen werden. Zwischen 2005 und 2014 hat die Erwerbstätigkeit um 16,2% zugenommen, von 1,5 Mio. auf 1,8 Mio. Personen. Dies entspricht der Einwohnerzahl einer mittleren deutschen Großstadt (Lübeck, Rostock, Kassel). Die Zahl der Arbeitnehmer/innen, also die der abhängig Beschäftigten, ist in diesem Zeitraum um 14,8% gewachsen. Noch stärker ist die Zahl der Selbstständigen gewachsen, nämlich um 17,3% von 208.000 auf 244.000 Personen. Die Zahl der marginal Beschäftigten ist in dieser Periode nahezu gleich geblieben und beträgt 178.000 Personen, in den Jahren 2007/08 war dieser Personenkreis auf 190.000 Personen angewachsen, geht seitdem aber zurück bzw. stagniert seit 2011.

Abbildung 3: Beschäftigte im unmittelbaren Landesdienst Berlins seit 2011

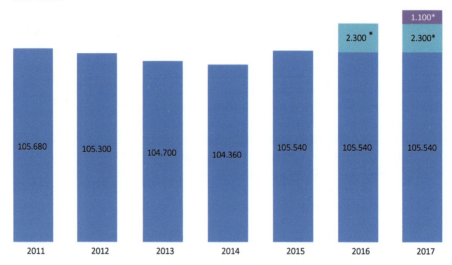

Quelle: Senatsverwaltung für Finanzen

Betrachtet man die Erwerbstätigen nach Wirtschaftsbereichen (s. Tabelle 1 auf der folgenden Doppelseite), so fällt auf, dass der größte Beschäftigungszuwachs in den privaten und öffentlichen Dienstleistungsbereichen stattgefunden hat. In den privaten Dienstleistungsbereichen Handel, Verkehr, Gastgewerbe, Information und Kommunikation betrug der Beschäftigungszuwachs zwischen 2005 und 2014 20,3%, bei den Finanz-, Versicherungs- Unternehmensdienstleistungen, Grundstücks- und Wohnungswesen gar 22,7%. Aber auch der öffentliche Sektor hat die Beschäftigung in diesem Zeitraum um 15,2% auf 710.000 Personen gesteigert. In der öffentlichen Verwaltung nimmt die Beschäftigung zwar ab, während sie in den Bereichen Erziehung und Gesundheit zunimmt.

Demgegenüber nimmt die Beschäftigung in den produktiven Sektoren kaum zu. Das Verarbeitende Gewerbe, also der Kernbereich der Industrie, weist einen Beschäftigungszuwachs von 2,9% auf, die Beschäftigung in der Energie- und Wasserversorgung nimmt leicht ab bzw. stagniert. Leicht positiv entwickelt sich das Baugewerbe – nach jahrelanger Stagnation.

Dass die Beschäftigung in der Industrie kaum zunimmt, entspricht nicht den Absichten des Senats. So richtete der Senat unter Beteiligung der Gewerkschaften vor fünf Jahren einen »Steuerungskreis Industriepolitik« ein,

Prekärer Aufschwung – die lange Krise der Berliner Wirtschaft

auch ein Masterplan Industriestadt Berlin 2010-2020 wurde entworfen. Das Ziel bestand darin, die Zahl der Industriebeschäftigten deutlich zu erhöhen – von ca. 100.000 auf 190.000. Dieses Ziel ist verfehlt worden, im Jahr 2014 hatte Berlin 119.000 Beschäftigte im Verarbeitenden Gewerbe. Das Projekt wurde nach dem Abgang des linken Wirtschaftssenators Harald Wolf nicht mit den entsprechenden Ressourcen ausgestattet und nicht nachdrücklich verfolgt, so lautet auch die Kritik der IG Metall in diesem Zusammenhang.

Betrachtet man die für Berlin nach wie vor wichtigen Siemens-Standorte, so sind dort noch ca. 12.000 Personen beschäftigt. Die Standorte selbst haben jedoch in den letzten Jahren durch marktinduzierte technologische Veränderungen, Verkäufe und Ausgliederungen, Zusammenfassungen von Unternehmensbereichen etc. erhebliche Umstrukturierungen durchlaufen, sodass über die lange Frist ein Beschäftigungsabbau stattgefunden hat. Teilweise dienen die Siemens-Standorte als Dach für eine Vielzahl von kleineren Ausgliederungen und Teilfirmen, die zwar irgendetwas mit Siemens zu tun hatten und haben, aber nicht mehr »dazugehören«. Es haben sich Strukturen wie in einem Industriepark herausgebildet. Ähnliches geschah mit den gro–ßen Chemiestandorten in Frankfurt-Höchst oder in Bitterfeld. Unter diesen Bedingungen ist die Beschäftigungssicherung ein ständiger Kampf. Die Konzernleitungen vergleichen die Standorte ständig in ihren Kostenstrukturen mit dem internationalen Maßstab. Betriebsräte sprechen in diesem Zusammenhang von »vagabundierenden Fertigungen«, die auch irgendwo anders stattfinden könnten. Die Betriebsräte orientieren sich daran, in Berlin »Lead-Factories« zu halten, also konzernweit innovativ führende Fabriken mit den entsprechenden Arbeitsbedingungen zu realisieren.

Erpressungsversuche mit der Androhung von Standortverlagerungen sind an der Tagesordnung, Tarifabweichungen werden gefordert und verhandelt. Dies betrifft durchaus namhafte Unternehmen, wie z.B. den Daimler-Konzern. Die Sparte Finanzdienstleistungen sollte aus Kostengründen aus Berlin in das Brandenburger Umland verlagert werden – dort wären andere Tarifbedingungen zum Tragen gekommen. Auch bei Firmenübernahmen sind solche Praktiken weitverbreitet. Bei der Übernahme von Schering durch Bayer drohten wichtige Bereiche der Forschung aus Berlin abgezogen zu werden – vor allem durch die Bereinigung der Doppelstrukturen, die durch die Übernahme entstanden sind.

Ein anderes Beispiel zeigt, wie internationale Konzerne die Berliner Multikulturalität ausnutzen. Ein großer Chemiekonzern errichtete auf dem ehemaligen Narva-Gelände ein sogenanntes Shared Service Center, in dem

Tabelle 1: Erwerbstätige am Arbeitsort im Land Berlin 2005 bis 2013 nach Wirtschaftsbereichen

WZ 2008	Wirtschaftsbereich	2005	2006
	Alle Wirtschaftsbereiche	1553,0	1574,4
A	Land- und Forstwirtschaft; Fischerei	1,1	1,0
B-F	Produzierendes Gewerbe	215,0	209,5
B-E	Produzierendes Gewerbe ohne Baugewerbe	137,9	134,8
C	Verarbeitendes Gewerbe	115,7	113,5
D	Energieversorgung	•	•
E	Wasserversorgung, Entsorgung u.Ä.	•	•
F	Baugewerbe	77,1	74,7
G-T	Dienstleistungsbereiche	1337,0	1364,0
K-N	Finanz-, Versicherungs- und Unternehmensdienstleister, Grundstücks- und Wohnungswesen	320,3	328,0
O-T	Öffentliche und sonstige Dienstleister, Erziehung, Gesundheit	616,5	631,5
O-Q	Öffentliche Dienstleister, Erziehung, Gesundheit	•	•
O	Öffent. Verwaltung, Verteid., Sozialversicherung	•	•
P	Erziehung u. Unterricht	•	•
Q	Gesundheits- u. Sozialwesen	•	•
R-T	Sonstige Dienstleister	•	•
R	Kunst, Unterhaltung u. Erholung	•	•
S	Sonstige Dienstleister a.n.g.	•	•
T	Häusliche Dienste	•	•

Quelle: Vorläufige Ergebnisse des Arbeitskreises »Erwerbstätigenrechnung des Bundes und der Länder« und des Amtes für Statistik Berlin-Brandenburg

internationale Konzerndienstleistungen erbracht werden. Die Ansiedlung dieses Zentrums geschah ausdrücklich mit abgesenkten Tarifbedingungen. Hier arbeiten Personen, häufig jüngere Menschen, aus nahezu allen europäischen Ländern mit exzellenten sprachlichen und verwaltungstechnischen Kompetenzen. Aufgrund der vergleichsweise schlechten Entlohnung ist die Fluktuationsrate enorm hoch – dies kümmert den Konzern jedoch wenig, da über den Arbeitsmarkt stets entsprechender Ersatz besorgt werden kann.

Es ist unter diesen Bedingungen nicht sehr wahrscheinlich, dass die Industriebeschäftigung in Berlin weiter ausgedehnt werden kann. Kompensationen der verloren gegangenen Industriebeschäftigung durch den Dienstleistungssektor gelingen nur unter schlechteren Entlohnungs- und Arbeitsbedin-

2007	2008	2009	2010	2011	2012	2013	Veränd. 2005-2013 in %
1606,7	1635,5	1665,1	1684,2	1709,2	1754,1	1787,9	15,1
1,0	1,0	0,6	0,6	0,6	0,6	0,5	-56,1
208,8	211,1	210,2	210,1	215,3	219,3	219,0	1,8
133,0	134,7	133,6	133,5	136,0	137,4	135,7	-1,6
112,1	114,2	114,1	113,8	117,1	118,0	117,2	1,3
•	6,9	6,5	6,4	5,7	5,9	•	
•	13,5	12,9	13,2	13,1	13,4	•	
75,8	76,4	76,6	76,6	79,2	81,9	83,3	8,1
1397,0	1423,4	1454,3	1473,6	1493,3	1534,2	1568,5	17,3
336,5	349,4	362,4	368,4	373,5	385,2	395,5	23,5
643,7	655,4	670,6	681,6	682,0	695,2	707,4	14,7
•	489,0	500,4	506,1	503,1	511,0	•	
•	154,2	152,4	150,9	146,3	146,0	•	
•	137,0	142,7	143,2	143,6	144,5	•	
•	197,9	205,3	212,0	213,1	220,5	•	
•	166,4	170,2	175,5	179,0	184,1	•	
•	67,5	68,0	69,4	73,0	75,2	•	
•	75,7	78,3	81,8	81,0	82,8	•	
•	23,1	23,9	24,3	25,0	26,1	•	

gungen. Für eine Industriepolitik bedeutet dies, dass es in der Industrie eher um Bestandspflege geht und dass man sich von der Ansiedlung von Teilen von Konzernunternehmen beschäftigungsseitig nicht viel versprechen darf.

Daher ist nicht verwunderlich, dass die größten Beschäftigungszuwächse in Berlin im Gastgewerbe stattfinden, um die wachsende Anzahl von Tourist/innen bewältigen zu können. Zuwächse verzeichnen auch die Bereiche Bildung (Schulen) und Verwaltungen von Unternehmen/Verbänden durch die Hauptstadtfunktionen. Der Beschäftigungszuwachs findet demnach primär in den Dienstleistungsbereichen statt.

Der öffentliche Sektor weist zwar insgesamt über den betrachteten Zeitraum eine Beschäftigungszunahme auf, aber in der für die Stadtbelange relevanten öffentlichen Verwaltung ist ein Beschäftigungsrückgang zu verzeichnen. Zwischen 2004 und 2012 nahm die gesamte Beschäftigung in den

Abbildung 4: Arbeitslosenquote in Berlin im Vergleich mit Deutschland

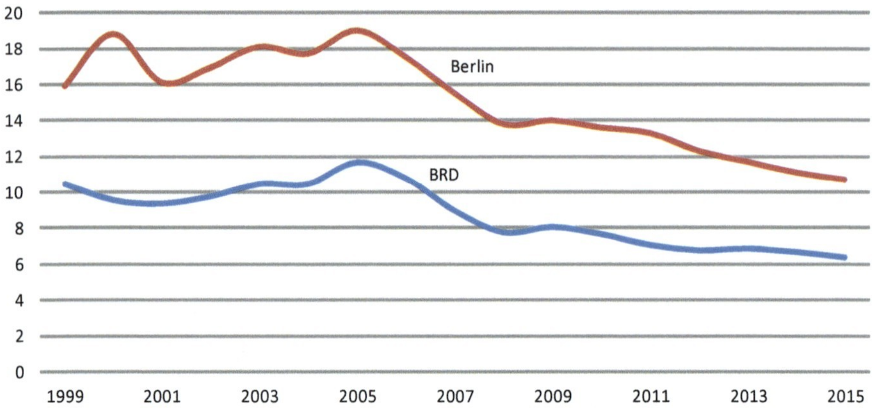

Quelle: Regionaldirektion Berlin-Brandenburg der Bundesagentur für Arbeit, Bundesagentur für Arbeit

Bereichen des öffentlichen Dienstes in Berlin um 24.000 Personen von knapp 210.000 Personen auf 186.000 Personen ab. Dabei fand der Personalabbau vor allem auf der Ebene der Bezirksämter statt: Hier sank die Beschäftigung um insgesamt 14.800 Personen, von 44.000 auf 29.000 Personen. In der Landesverwaltung kam es zwar auch zu einem Personalabbau, aber »nur« um 7.100 Personen.

Sehr deutlich wird dies, wenn man die im unmittelbaren Landesdienst beschäftigten Personen betrachtet. Hier liegt seit Jahren die fixe Vorstellung vor, dieser Kernbereich des öffentlichen Dienstes solle ca. 100.000 Personen umfassen. Die Statistik zeigt, dass diese Zahl seit 2011 bei ca. 105.000 Personen stagniert, erst ab 2016 ist hier ein Mehrbedarf von 2.300 Personen eingeplant, der ab 2017 noch einmal um 1.100 Personen aufgestockt werden soll.

Dieser Personalabbau erklärt die Unzufriedenheit der Berliner mit ihrer öffentlichen Verwaltung – insbesondere auf der Ebene der Bezirks- und Bürgerämter kommt es aufgrund von Personalmangel zu langen Wartezeiten. Finanzsenator Matthias Kollatz-Annen, seit Januar 2015 im Amt, hat hinsichtlich der Beschäftigung im öffentlichen Dienst eine gewisse Entspannung signalisiert,»soweit das Wachstum der Stadt zum Beispiel durch Fallzahlen mehr Personal erfordert« (Berliner Zeitung 11.1.2015).

Die sozialversicherungspflichtige Beschäftigung, ein Schwachpunkt in der Entwicklung des Berliner Arbeitsmarktes, hat sich ebenfalls verbessert. Sie hat zwischen 2005 und 2013 um 20,4% zugenommen – von 1,013 Mio. auf 1,220

Prekärer Aufschwung – die lange Krise der Berliner Wirtschaft

Abbildung 5: Zahl der Arbeitslosen in Berlin (Anzahl in 1.000)

Quelle: Regionaldirektion Berlin-Brandenburg der Bundesagentur für Arbeit

Mio. Personen. Interessant sind dabei die internen Verschiebungen zwischen Vollzeit- und Teilzeitbeschäftigung. Der Anteil der Vollzeitzeitbeschäftigten sinkt bei beiden Geschlechtern in diesem Zeitraum. Dagegen nimmt die Zahl der männlichen Teilzeitbeschäftigten um 138,6% zu, von 47.394 auf 113.087 Personen. Bei den weiblichen Teilzeitbeschäftigten nimmt die Zahl um 74% zu, von 145.405 auf 253.069 Personen. Der Anteil der männlichen Teilzeitbeschäftigten an der gesamten sozialversicherungspflichtigen Beschäftigung steigt von 4,7% auf 9,3% und der der weiblichen von 14,3% auf 20,7%. Das heißt, insgesamt nimmt innerhalb der sozialversicherungspflichtigen Beschäftigung der Anteil der Vollzeitbeschäftigten von 80,9% im Jahr 2005 auf 69,9% im Jahr 2013 ab. Dagegen steigt der Anteil der Teilzeitbeschäftigten im gleichen Zeitraum von 19% auf 30%.

Dies zeigt sich auch bei den geleisteten Arbeitsstunden pro Arbeitnehmer: Sie nehmen von 1.430 im Jahr 2000 auf 1.363 im Jahr 2013 ab, also um 4,7%. Mehr Arbeitnehmer/innen teilen sich ein geringeres Stundenvolumen, dies ist ein Indikator für prekäre Beschäftigung. Die geleisteten Arbeitsstunden nehmen in allen Wirtschaftsbereichen ab, dabei stärker in den Dienstleistungsbereichen als in den industriellen. Und innerhalb der Dienstleistungsbereiche besonders stark bei den öffentlichen und sonstigen Dienstleistungen sowie Erziehung und Gesundheit. Das Berliner Beschäftigungswunder fußt daher weitgehend auf einem starken Wachstum der Teilzeitbeschäftigung.

Die Arbeitslosigkeit in Berlin zeigt eine sinkende Tendenz. Waren 2005 noch knapp 320.000 Personen arbeitslos, sinkt diese Zahl im Jahr 2014 auf 203.000. Die Arbeitslosenquote geht in diesem Zeitraum von 19% auf 11,1% zurück. Im Jahr 2015 sank die Arbeitslosenquote weiter, die Zahl der

Prekärer Aufschwung – die lange Krise der Berliner Wirtschaft

Abbildung 6: Atypische Beschäftigung je 1.000 Einwohner des Vorjahres (2004-2014) Berlin

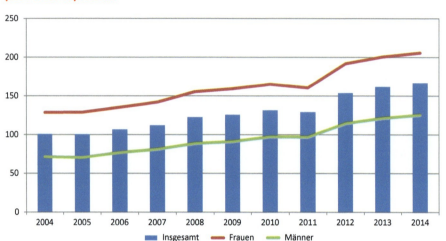

Quelle: Eigene Darstellung und Berechnung nach Angaben der Bundesanstalt für Arbeit und des Statistischen Bundesamtes

Arbeitslosen sank unter 200.000. Damit liegt Berlin im Vergleich mit anderen Bundesländern aber immer noch auf dem vorletzten Platz. Schlechter sieht es nur in Mecklenburg-Vorpommern aus.

Atypisches Beschäftigungswunder

Bereits 2008 veröffentlichte der DGB Berlin-Brandenburg eine Studie mit dem Titel »Berlin – Hauptstadt der prekären Beschäftigung« (DGB Berlin-Brandenburg 2008). Wie Abbildung 6 auf Basis der Datenbank für atypische Beschäftigung der Hans-Böckler-Stiftung zeigt, hat sich dieser Trend aber auch in der Wachstumsphase nach 2006 nicht verändert: Die sogenannte atypische Beschäftigung nimmt weiter zu (Hans-Böckler-Stiftung 2015).

In Berlin gibt es danach im Jahr 2014 571.000 Personen in atypischer Beschäftigung, das sind 40% aller Beschäftigten. 27% befinden sich in Teilzeit, 2% sind Leiharbeitnehmer/innen und 11% üben ausschließlich Minijobs aus. Im Jahr 2006 betrug der Anteil der atypischen Beschäftigten an allen Beschäftigten 31,1%, d.h. während der Phase der ökonomischen Belebung und Erholung ist es in Berlin kontinuierlich zu einem Wachstum der pre-

Prekärer Aufschwung – die lange Krise der Berliner Wirtschaft

Abbildung 7: Struktur der atypischen Beschäftigung im Jahr 2014 in Berlin

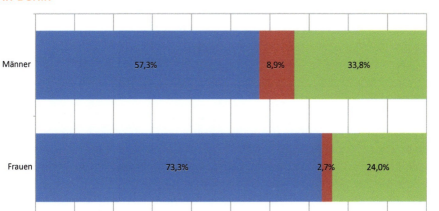

Quelle: Eigene Darstellung und Berechnung nach Angaben der Bundesanstalt für Arbeit

kären Beschäftigungsformen gekommen. In absoluten Zahlen wuchs dieser Bereich zwischen 2006 und 2014 um 230.000 Personen, diese Zunahme ist fast deckungsgleich mit der oben konstatierten Zunahme der gesamten Erwerbstätigkeit. Die These liegt also nahe, dass der in Berlin erzielte Beschäftigungszuwachs nahezu ausschließlich auf dem Wachstum der atypischen Beschäftigung beruht.

Auf 1.000 Einwohner/innen kommen in Berlin im Jahr 2014 ca. 160 atypisch Beschäftigte, dabei sind Frauen stärker betroffen als Männer (siehe Abbildung 7).

Betrachtet man die Struktur der atypischen Beschäftigung, so sind bei den Männern stärkere Ausprägungen im Bereich der Leiharbeit und bei den Minijobs vorhanden, bei den Frauen ist die Teilzeitarbeit mit knapp 74% wesentlich stärker ausgeprägt als bei den Männern.

Betrachtet man die Beschäftigungsentwicklung nach Indikatoren auf der Basis des Jahres 2005, dann zeigt sich zwar deutlich die Zunahme der Beschäftigung insgesamt sowie der sozialversicherungspflichtigen Beschäftigung, wesentlich stärker als diese beiden Indikatoren wachsen jedoch die Bereiche Leiharbeit und Teilzeit sowie die atypische Beschäftigung insgesamt.

Während also das Beschäftigungswachstum seit 2005 deutlich hervortritt, ist es gleichzeitig prekär. Es stellt sich überhaupt die Frage, »welche Sektoren und Branchen tatsächlich in dieser regionalen Konstellation das wirtschaftliche Wachstum tragen und inwieweit dies den theoretischen Erwartungen und der politisch gesetzten Agenda entspricht« (Stein 2015: 129).

Metropolfunktionen

Viel Aufhebens wird über die Rolle Berlins in der digitalen Ökonomie gemacht, die zahlreichen Internet-Start-Ups gelten als Wachstumsmotor: »Die Anziehungskraft Berlins als wichtiger europäischer Standort für Technologiefirmen wächst rasant (...) Wir sind fest davon überzeugt, dass wir in Berlin ein europäisches Silicon Valley schaffen können, das zum Anlaufpunkt für Unternehmer in Deutschland und ganz Europa wird«, so der Manager des Start-up-Campus Factory in Berlin. Dieser Betreiber schafft Büroflächen für die Unternehmensgründungen und hofft, die Flächen auf bis zu 100.000 Quadratmeter ausbauen zu können (Berliner Zeitung 4.6.2015).

Wie Stein hervorhebt, liegen tragfähige regionale Wachstumsbereiche für eine Metropole vor allem in den überregional handelbaren Dienstleistungen. »Bei diesen weist Berlin zwar Potenziale auf, die auch an Umfang zunehmen, aber noch längst nicht das Niveau anderer deutscher und internationaler Metropolen erreichen.« (Stein 2015: 129) Einen Überblick über die Wachstumsbereiche der Berliner Wirtschaft bietet eine tiefere Analyse einzelner Sektoren aus der Wirtschaftszweigsystematik (WZ 2008). Stein hat hier eine Untersuchung vorgelegt, die insbesondere die Transaktionsaktivitäten in den Blick nimmt. Darunter sind Bereiche wie Rechts- und Steuerberatung, das Verlagswesen sowie der Groß- und Einzelhandel zu verstehen bzw. Leistungen zur Steuerung und Koordination ökonomischer Prozesse, also das, was man im Sinne der Marxschen Kritik der politischen Ökonomie als Zirkulationsdienstleistungen bezeichnen kann (vgl. Krüger 2015). Stein unterteilt den »Transaktionssektor« in drei Teilsektoren, wobei die hochwertigen unternehmensorientierten Dienstleistungen den Bereich mit den hochqualifizierten Beschäftigten umfassen. »Die Entwicklung dieses Teilsektors gibt Aufschluss darüber, wie sich die im engeren Sinn definierten Metropolfunktionen einer Stadt im Zeitablauf verändern.« (Stein 2015: 130)

Als stark wachsende Sektoren werden dabei solche eingestuft, die überdurchschnittlich im Vergleich zum Bund wachsen und die um mehr als 20.000

Tabelle 2: Beschäftigte, Umsatz im Kernsektor der digitalen Wirtschaft (WZ 62, 63, 63.1) in Berlin

Beschäftigte	2008	2012	Veränderung %
Erbringung von Dienstleistungen der Informationstechnologie	15.688	22.981	46,5
Informationsdienstleistungen	2.851	5.776	102,6
Datenverarbeitung, Hosting, Webportale	1.882	4.089	117,3
Gesamt	20.421	32.846	60,8
Umsatz (Mio.)	3.024	4.466	47,7
Personalaufwand (Mio.)	970	1.505	55,2
Personalaufwand pro Beschäftigtem T€	32	34	5,1
Umsatz pro Beschäftigtem T€	675	735	8,9

Beschäftigte zunehmen. An der Spitze steht danach der DV-Sektor (Datenverarbeitung), Software, Internet, der die sogenannte digitale Ökonomie umfasst.[5] In der Wirtschaftszweigsystematik handelt es sich um die Bereiche Dienstleistungen in der Informationstechnologie und um den Bereich DV, Hosting und Webportale. Beide befinden sich im Oberbereich Information und Kommunikation und werden in der Berliner Statistik in der »Strukturerhebung im Dienstleistungsbereich« erfasst.[6] Fasst man die Entwicklung in diesem Kernsektor der Digitalen Wirtschaft zusammen, ergibt sich für Berlin das in Tabelle 2 zusammengefasste Bild.

In der Strukturerhebung werden auch Daten zu Umsatz und Personalaufwand erfasst, sodass sich Kennziffern bilden lassen. Diese zeigen insbesondere beim Personalaufwand pro Beschäftigtem mit etwas über 30.000 Euro einen sehr niedrigen Betrag, was wiederum Rückschlüsse auf die schlechte Entgeltstruktur in diesem Bereich zulässt. Zudem dürfte sich hier auch ein erhebliches Maß an Teilzeitarbeit angesiedelt haben.

Die Zahlen stützen die These, dass sich die Internet-Branche in Berlin konzentriert, auch wenn die bekannteren Unternehmen wie Zalando, Lieferando und die Internet-Holding Rocket Internet eher einen zweifelhaften Mehrwert als hochwertige Dienste für die Berliner Wirtschaft generieren. Dies gilt ebenso für die Crowdworking-Plattformen, die sich in der Stadt verstärkt angesiedelt haben. Derartige Plattformen dienen als Vermittlungsagenten

---

[5] Das sind in der WZ 2008 die WZ-Nummern 62, 63 und 63.1.
[6] Statistischer Bericht j I -2- j/2012, Statistik Berlin-Brandenburg Juli 2014.

zwischen Auftraggebern und Auftragnehmern und vermitteln häufig simple Aufgaben, die am Rechner erledigt werden können. Teilweise werden auch Entwicklungs- und Designaufgaben in diesem Bereich vermittelt. Dabei kommt es immer zu Werkvertragsverhältnissen, die die Werkvertragsnehmer als »vereinzelte Einzelne« zurücklassen. In Berlin arbeiten für einzelne Plattformen mehrere tausend Beschäftigte unter diesen unsicheren Arbeitsverhältnissen. (vgl. Benner 2015)

Insgesamt kommt Stein zu der Einschätzung, dass die Transaktionssektoren auch im mittleren und unteren Qualifikationsbereich starke Wachstumseffekte in Berlin generiert haben, dies gilt also auch für die Bereiche Verlagswesen, Einzelhandel, Callcenter und im Sicherheitsgewerbe. Er hält allerdings auch fest, dass die hohen Zuwächse bei den unternehmensorientierten Dienstleistungen einen Trend zur sozialen Polarisierung in der Stadt bewirken, weil die Beschäftigten in diesen Bereichen zu den Spitzenverdienern gehören. »Die Polarisierungstendenz ist umso stärker ausgeprägt, als auch am unteren Ende der Einkommensskala, in den Branchen mit den einfacheren Qualifikationen und niedrigen Löhnen, die Beschäftigung in Berlin überproportional zunimmt.« (Stein 2015: 134)

Weiterhin stark wachsende Bereiche umfassen den Kultursektor, der im Zeitraum 2008 bis 2012 3.100 neue Arbeitsplätze schuf und der insgesamt zehn Unterbranchen umfasst. Die Bedeutung Berlins am gesamten Kultursektor Deutschlands nimmt aufgrund der ausgeprägten Spezialisierung in diesem Bereich weiter zu. Logischerweise nehmen mit der steigenden Attraktivität Berlins die Sektoren Tourismus und Gastronomie ebenfalls stärker als im Durchschnitt Deutschlands zu.

Ein durchwachsenes Bild ergibt sich für Berlin, wenn man gezielte Förderpolitiken und das Beschäftigungswachstum in diesen Sektoren miteinander verbindet. Die Industrie wurde hier bereits erwähnt, dazu gehören weiterhin das Gesundheitswesen sowie Forschung und Wissenschaft. Das Gesundheitswesen hat zwar insgesamt eine wichtige Bedeutung für das Beschäftigungswachstum, aber nicht so stark wie die vorher betrachteten Sektoren.

Bei den Hochschulen ist aufgrund des zurückgehenden Anteils Berlinsan allen Hochschulbeschäftigten Deutschlands die Bilanz negativ, »so dass die Stadt im bundesweiten Maßstab als Hochschulstandort substanziell an Bedeutung verliert« (Stein 2015: 137).

Insgesamt lässt sich die Entwicklung Berlins in den letzten zehn Jahren mit der *Herausbildung von Metropolfunktionen* erklären. Dies impliziert gleichzeitig, dass sich die polyzentrale Struktur des deutschen Städtesystems verändert. Volgmann konstatiert einen Prozess der Polarisierung von metropolen Funktionsstandorten, aus dem Berlin als nationale Metropole hervorgeht (vgl. Volgmann 2012).

Metropolfunktionen lassen sich in einer Matrixstruktur abbilden, die die Bereiche Ökonomie, Politik, Kultur, Wissenschaft und Verkehr mit Entscheidungs- und Kontrollfunktionen, Innovations- und Wettbewerbsfunktionen sowie Gateway- und Symbolfunktionen verknüpft. Auf Berlin bezogen lassen sich Bedeutungszuwächse im Bereich der Politik, der Kultur und der Forschung konstatieren. Allerdings steht dem die Schwäche Berlins in der Wirtschafts- und Unternehmensstruktur entgegen.

Das Wachstum der Branchen, auf dem die bisherige Erholung der Berliner Ökonomie beruht, spricht nicht für die von der Senatsverwaltung vertretene These, »dass nachhaltiges Wachstum der Berliner Wirtschaft nur mit mehr Industrie gelingt« (Stein 2015: 140).

Die Stadt braucht Investitionen

Dies meint der neue Finanzsenator Kollatz-Ahnen und damit steht er für eine Kurskorrektur. »Berlin will sich ein bisschen mehr leisten, um auf das Wachstum der Stadt zu reagieren.« Kollatz-Annen sagte Anfang 2015: »Ja. Berlin ist unterinvestiert. Auf Bundesebene beträgt die Investitionsquote 17 Prozent (...) In Berlin ist die Quote noch einmal vier Prozent niedriger (...) Der größere Teil muss vom privaten Sektor kommen, aber im öffentlichen Sektor haben wir auch zu wenige. Da ist Luft nach oben.« (Berliner Zeitung 11.1.2015)

In Deutschland insgesamt besteht seit Längerem eine Investitionslücke im öffentlichen Sektor. Investitionen im Bereich der Infrastruktur sind für das wirtschaftliche Wachstum wichtig, da es dabei oft um Vorleistungen für die private Investitionstätigkeit geht. »In der Bundesrepublik kam es infolge der rigorosen Ansätze zum Abbau der öffentlichen Verschuldung zu einem Rückgang der öffentlichen Investitionen. Faktisch fand kein Substanzerhalt des öffentlichen Kapitalstocks mehr statt.« (Bischoff/Radke/Troost 2015: 27).

In Berlin hat sich laut Rechnungshof allein im Straßenbereich ein Stau von 1,3 Mrd. Euro angesammelt, der Anteil schadhafter Bahnbrücken ist mit 10,1% nirgends so groß wie in der Hauptstadt und der ehemalige Wirtschaftssenator Wolf geht davon aus, dass es demnächst wieder zu einer S-Bahn-Krise kommen wird, weil das rollende Material hoffnungslos veraltet ist. Im Schul- und Kitabereich wird der Sanierungsbedarf auf 1,9 Mrd.

Abbildung 8: Investitionsausgaben Berlin, Doppelhaushalt 2016/17

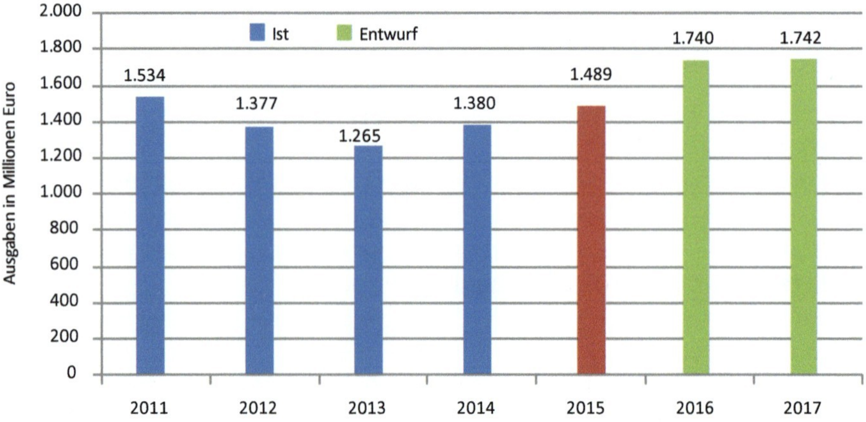

Ausgaben in Millionen Euro

- 2011: 1.534 (Ist)
- 2012: 1.377 (Ist)
- 2013: 1.265 (Ist)
- 2014: 1.380 (Ist)
- 2015: 1.489 (Ist)
- 2016: 1.740 (Entwurf)
- 2017: 1.742 (Entwurf)

Quelle: Senatsverwaltung für Finanzen Juli 2015

Euro geschätzt. Das Dilemma ist aber: Einerseits drücken die Altschulden mit einem Zinsaufwand von 1,7 Mrd. Euro jährlich, andererseits sorgt die beschlossene Schuldenbremse dafür, dass Berlin sich in einer historischen Niedrigzinsphase nicht zu sehr günstigen Konditionen neues Geld besorgen kann. Zudem wird darauf hingewiesen, dass selbst wenn Berlin das nötige Geld zur Verfügung hätte, es keinen Masterplan gäbe, wie es sinnvoll ausgegeben werden könnte.

Der Doppelhaushalt für die Jahre 2016/17 sieht für beide Jahre leichte Finanzierungsüberschüsse vor und soll ohne Nettokreditaufnahme auskommen. Es soll sowohl weiter konsolidiert als auch in die wirtschaftliche und soziale Infrastruktur investiert werden. Die Finanzverwaltung will damit dem konstatierten Investitionsstau in Bereichen entgegensteuern, »in die zum Teil 10 bis 15 Jahre lang nicht ausreichend investiert wurde«. Der Senat trage damit den Herausforderungen der wachsenden Stadt Rechnung.[7] Der Finanzsenator spricht von einem erhöhten Investitionsplafond, der mit je 1,7 Mrd. Euro über den bisherigen 1,4 Mrd. Euro liege. Die Bezirke sollen zusätzlich 300 Stellen bekommen, um in den Bezirksämtern den Herausforderungen der wachsenden Stadt begegnen zu können. Die Schulen sollen mit insgesamt 2.000 Stellen aufgestockt werden, in die Kitas sollen Investitionen in Höhe von 66 Mio. Euro fließen. »Für Investitionen in den Hochschulbau

---

[7] Senatspressekonferenz vom 7.7.2015 zum Doppelhaushalt 2016/2017.

Prekärer Aufschwung – die lange Krise der Berliner Wirtschaft

Abbildung 9: Struktur der Ausgaben Berlin, Haushaltsentwurf 2016/17

Quelle: Senatsverwaltung für Finanzen Juli 2015 (Angaben Mio. Euro in Tausend)

und die Charité-Universitätsmedizin stehen längerfristig bis zum Jahr 2016 über 1 Mrd. Euro zur Verfügung.« Innensenator Henkel bekommt 420 neue Stellen für die Polizei.

Für die zunehmende Zahl an Schutzsuchenden will der Finanzsenator ein Finanzvolumen von 383 Mio. Euro im Jahr 2016 und 445 Mio. Euro 2017 bereitstellen. Dies entspricht einem Anstieg von 56% im Jahr 2016 und 81% im Jahr 2017.

Diese Eckdaten zeigen an, dass die bisherige Politik des Sparens beendet wird. Teilweise ist dies bedingt durch die faktischen Anforderungen, denen man einfach nicht mehr ausweichen kann, andererseits hat Finanzsenator Kollatz-Ahnen einen positiveren Ansatz gegenüber Investitionen entwickelt, der die Anforderungen einer wachsenden Stadt anerkennt – für Berlin ist dies ein deutlicher Fortschritt.

Dennoch muss hervorgehoben werden, dass die steigenden Investitionen gemessen am Berliner Gesamthaushalt von knapp 25 Mrd. Euro nur 7% ausmachen und damit ist Berlin im Ländervergleich Schlusslicht. In der Kommentierung des vorgelegten Doppelhaushaltes wird daher das Bemühen um die Verbesserung der öffentlichen Infrastruktur positiv bewertet, aber gleichzeitig auf Defizite der Verwaltung verwiesen, die nicht in der Lage sei, Gelder auszugeben, da nicht rechtzeitig geplant werde und Bauvorhaben nicht umgesetzt werden könnten. (Tagesspiegel 10.12.2015)

Insgesamt ist das Bemühen um eine bessere Infrastrukturversorgung im Haushaltsentwurf erkennbar, vieles erscheint aber angesichts der Anforderungen, die auf Berlin zukommen, unterdimensioniert. So ist zum Beispiel nicht klar, ob die eingeplanten knapp 800 Mio. Euro für die Betreuung der Schutzsuchenden ausreichen werden. Ebenso unterdimensioniert erscheinen angesichts der Wohnungsknappheit die Ziele für den Wohnungsneubau mit jährlich 2.500 bzw. 3.000 Wohneinheiten.

Ein großer Widerspruch besteht darin, dass sich Berlin einerseits als Zentrum der digitalen Wirtschaft versteht, andererseits aber die Berliner Verwaltung kaum von der Digitalisierung profitiert bzw. Fortschritte im sogenannten E-Government zu verzeichnen sind. Die Investitionsbank Berlin spricht in ihrem Report »Wirtschaftsstandort Berlin – Wachstumsschub durch Digitale Transformation« zwar davon, dass öffentliche Dienstleistungen digitalisiert werden sollten. Was dies aber im Alltag der Bürgerämter bedeutet, bleibt ausgeklammert (IBB 2015). Auch bei der digitalen Verwaltung zeigt sich, dass durch die fragmentierten Zuständigkeiten, die unzureichende Abstimmung zwischen Senat und Bezirken ein weiteres Fortschreiten in diesem Bereich bisher verhindert wurden. Dabei könnte die Berliner Verwaltung durch die Digitalisierung sowohl hinsichtlich der Effizienz als auch hinsichtlich des personellen Aufwandes besser aufgestellt werden.

Wirtschaftliche Perspektiven für Berlin?

Die wirtschaftlichen Perspektiven haben sich für Berlin in den letzten Jahren deutlich verbessert. Der Aufschwung ist jedoch prekär – die Zunahme der Beschäftigung beruht auf unsicheren Arbeitsverhältnissen, sodass der Aufschwung weit davon entfernt ist, »Berlin zu einer Stadt der guten Arbeit«, wie es der DGB von der Landespolitik fordert, zu machen. In diesem Zusammenhang weist der DGB zu Recht darauf hin, dass die Arbeitslosigkeit nach wie vor zu hoch ist. Sowohl der Umfang der prekären Beschäftigung als auch die Arbeitslosigkeit müssen reduziert werden (DGB Berlin-Brandenburg 2016).

Damit zusammenhängend müssen die wirtschaftspolitischen Schwerpunkte anders gesetzt werden, denn das Beharren auf einer unrealistischen Zielsetzung für den Umfang der Berliner Industrie geht an der realen Wachstumsentwicklung vorbei, die vor allem in den großstädtischen Dienstleistungssektoren stattfindet. Es gibt keinen Grund, die digitale Wirtschaft in den Himmel zu heben, denn diese trägt wiederum zur Verbreitung der prekären Arbeits- und Lebensverhältnisse bei. Die Bemühungen der Gewerkschaften, in diesen Bereichen tarifvertragliche Standards zu verankern, sollten von der Landesregierung unterstützt werden.

Digitalisierung und Verwaltung müssen voneinander profitieren. Die öffentlichen Investitionen sollten daher neben den Ausgaben für die notwendige

Prekärer Aufschwung – die lange Krise der Berliner Wirtschaft

Verbesserung der Infrastruktur vor allem dazu genutzt werden, die digitale Ausstattung der Verwaltung zu verbessern, um ihre Effizienz zu steigern und um das Personal im Kontakt mit den Bürgern zu unterstützen.

Öffentliche Investitionen haben eine enorme strategische Bedeutung für die Stellung von regionalen Wirtschaftsräumen im europäischen Wettbewerb. Dabei wurde bisher zu viel gespart und zu wenig investiert. Der konstatierte Verfall der öffentlichen Infrastruktur ist vor allem ein kommunales Problem, dort werden über die Hälfte aller öffentlichen Investitionen getätigt. Gleichzeitig gibt es in dieser Frage große Disparitäten innerhalb der Bundesländer. In Berlin scheint nun ein vorsichtiges Umdenken Platz zu greifen, das die investiven Aufgaben der öffentlichen Hand wieder ernst nimmt. Sparen, bis es quietscht, ist überhaupt nicht cool.

Ausblick

Im Laufe unserer Ausführungen ist evident geworden, dass Berlin eine Stadt mit viel Potenzial ist. Es gibt jedoch starke Tendenzen zur sozialen Spaltung innerhalb der Stadt, insbesondere in einigen innerstädtischen Wohnquartieren sowie neuerdings auch an der Peripherie. Besonders für die sozial Schwachen droht Wohnraum zu einer knapp vorhandenen Ware zu werden – und wird dementsprechend teuer. Beide Tendenzen würden, wenn sie ungebremst weiterlaufen, zu einer Art Segregation führen, wie sie auch in den Vorstädten anderer europäischer Metropolen zu sehen ist. Je nachdem, wie die Politik die gegenwärtige Herausforderungen bewältigt, können entweder neue Wege in der Stadtentwicklung beschritten werden oder die sozialen Spaltungstendenzen werden noch verstärkt, wie z.B. in Paris. Wenn die Mietpreise in den attraktiven, zentrumsnahen Wohngebieten nicht mehr von Normalverdienern/innen, erst Recht nicht von geflüchteten Menschen bestritten werden können, werden dort gentrifizierte Wohlstandsoasen entstehen. Die Kehrseite dieser Entwicklung wäre, dass die Wohngebiete an der Peripherie, wo Wohnungen noch preiswert, aber weniger attraktiv sind, so gut wie ausschließlich durch sozial benachteiligte Bevölkerungsgruppen bewohnt werden, d.h. es entstehen Berliner Banlieues.

Momentan wächst Berlin deutlich schneller, als in allen Prognosen oder Vorhersagen der letzten Jahre angenommen wurde. Bereits in den letzten paar Jahren schnellten die Bevölkerungszahlen in »angesagten« Bezirken wie Mitte oder Pankow in die Höhe. Inzwischen wird es nicht nur dort sehr eng. Neben den geschätzten ca. 200.000 nicht in den Prognosen vorgesehenen Neuberlinern/innen in den letzten Jahren kamen 2015 jede Woche mehrere Hundert schutzsuchende Menschen an, von denen viele in Berlin bleiben werden. Sie alle müssen versorgt werden. Es muss die nötige soziale Infrastruktur, wie Kitas und Schulen, neu geschaffen bzw. – nachdem sie jahrelang vernachlässigt wurde – grundsaniert werden. Die zeitweilig überfüllten und teilweise veralteten Züge der U- und S-Bahn müssen häufiger fahren bzw. erneuert werden. Trotz der immer noch zu hohen Staatsschulden ist dies keine Zeit für fiskalische Konsolidierung oder einen Haushalt mit einer »schwarzen Null«. Das Land Berlin muss Geld in die Hand nehmen und qualitativ hochwertige Lösungen für die drängendsten Probleme finden.

Bevölkerungsvielfalt: sowohl eine Stärke als auch ein Risiko

Ein Teil der Attraktivität der Stadt Berlin ist die große Bevölkerungsvielfalt. Insbesondere in den Innenstadtbezirken Neukölln, Kreuzberg und Mitte gibt es eine sehr große kulturelle Diversität, die auch für Berlin eine Bereicherung sein kann. Zu den seit Jahren in Berlin lebenden Menschen mit einer Zuwanderungsgeschichte kommt eine große Gruppe von Schutz suchenden Menschen, die auch in Berlin – zumindestens vorerst – bleiben wollen. Angesichts der vielfältigen Probleme, die durch die (mangelnde) Integration der vorhergehenden Gruppen von Neueinwanderern/innen in Deutschland entstanden sind (vgl. das Kapitel über Bildungschancen), kann man nur hoffen, dass Fehler, die in den letzten Jahren gemacht wurden, nicht wiederholt werden.

Bereits jetzt zeigen sich in einigen sozial benachteiligten Quartieren deutliche Tendenzen der Segregation bei langjährig in Deutschland lebenden Einwanderungsgruppen. Integration erfolgt durch regen Kontakt mit der einheimischen Bevölkerung. Die neu hinzukommenden Menschen müssen so bald wie möglich die Landessprache lernen und dürfen keine abgeschotteten Enklaven mit einer parallelen Gesellschaftsordnung bilden. Eine soziale Mischung der verschiedenen Bevölkerungsgruppen ist in allen Wohngebieten anzustreben.

Weiterhin eine Gefahr: verstärkte soziale Spaltungen und gesundheitliche Chancenungleichheit

Die Integration der neu ankommenden Geflüchteten muss einhergehen mit dem Kampf gegen Armut in unserer Gesellschaft. Wenn das nicht beherzigt wird, kann ein Teufelskreis entstehen, in dem die einen gegen die anderen Hilfsbedürftigen ausgespielt werden. Besondere Unterstützung brauchen die Familien von alleinerziehenden Eltern (insbesondere Mütter), Jugendliche, die den Übergang von der Schule zur Ausbildung (und später zum Beruf) nicht ohne Weiteres bewältigen, und ältere Menschen, die keinen ausreichenden Rentenanspruch erworben haben.

Da die soziale Lage der Menschen stark mit ihrer Gesundheit zusammenhängt, drohen diese sozialen Spaltungen zu verstärkten gesundheitlichen Ungleichheiten zu führen – insbesondere in der das ganze Leben prägenden

Ausblick

Phase der Kindheit. Diese Entwicklung wird durch die ungleichen Zugänge zur gesundheitlichen Versorgung, je nach Versicherungsstatus, sowie die ungleiche Verteilung der niedergelassenen Ärzte in Berlin noch verstärkt.

Bezahlbare und zukunftsweisende Wohnungen – nicht nur für geflüchtete Menschen

Die drastischen Maßnahmen, die ergriffen wurden, um geflüchtete Menschen durch den Winter zu bringen, sind keine Dauerlösungen für das Problem des knappen Wohnraums. Ihnen müssen wohlüberlegte langfristige Strategien zur schnellen Schaffung von bezahlbarem Wohnraum für *alle* Wohnungssuchenden folgen. Wie aus unseren Ausführungen zur Wohnungspolitik zu entnehmen, kann es hierbei nicht darum gehen, Investoren für subventionierten Wohnraum zu finden. Jetzt muss in Berlin sozialer Wohnungsbau im klassischen Sinne forciert werden, u.U. auch mit innovativen Lösungen. Bei aller Eile in der Schaffung von Wohnraum dürfen nicht die Lehren des modernen Wohnungsbaus außer Acht gelassen werden. Die neu entstehenden Wohnungen müssen zukunftsträchtig sein, d.h. alters- und behindertengerecht. Die Bevölkerung von Berlin wird unaufhaltsam älter und gerade bei sozial Benachteiligten und aus Kriegsgebieten Geflüchteten gibt es höhere Anteile an Menschen mit einer körperlichen Behinderung.

In den letzten Jahren wurde in Berlin zumindest eines gelernt: Stadtentwicklungspolitik kann nur mit den Betroffenen und nicht am grünen Tisch erfolgreich umgesetzt werden. Beim Volksentscheid zum Tempelhofer Feld und auch beim (vorläufig) abgewendeten Berliner Mieten-Volksentscheid ging es um das Gefühl betroffener Bevölkerungsgruppen, dass wichtige Entscheidungen in der Stadtentwicklungs- bzw. Wohnungsbaupolitik in erster Linie nach wirtschaftlichen Interessen getroffen werden, ohne Rücksicht auf die Interessen bzw. die Bedürfnisse der Bevölkerung.

Wachstum als Motor für wirtschaftliche Entwicklung

Die neu in Berlin ankommenden Menschen bedeuten nicht nur Ausgaben für das Land. Um sie in Wohnungen unterbringen zu können, müssen die bauliche wie auch die soziale Infrastruktur massiv ausgebaut werden. Dies bedeutet, dass Menschen in Arbeit kommen, dass Waren produziert bzw.

angeschafft werden, dass die Unternehmen dementsprechend investieren müssen. Dies würde einen starken konjunkturellen Impuls für die jahrelang eher träge Berliner Wirtschaft bedeuten. Darüber hinaus müssen die teilweise veralteten öffentlichen Verwaltungen bzw. die freien Träger, die in deren Auftrag agieren, wieder leistungsfähig gemacht werden. Spätestens jetzt zeigt sich die Notwendigkeit, die personellen Engpässe im Bereich der Bau- und Wohnungsverwaltungen, der Kindertagesstätten, der Bildungs-, Sozial- und Gesundheitseinrichtungen sowie der Jugendhilfeeinrichtungen zu beseitigen. Die verstärkte Bautätigkeit sowie die Schaffung der erforderlichen sozialen Infrastruktur werden auch zu höheren Steuereinnahmen und sinkenden Transferzahlungen führen.

Wie weiter?

Angesichts der großen Herausforderungen, die der Stadt Berlin mittelfristig bevorstehen, sehen wir es als wichtig an, die Spielräume und Möglichkeiten einer aktiven Gegensteuerung der Politik in den Fokus zu nehmen. Dies ist notwendig, um das verloren gegangene Vertrauen der Bevölkerung zurückzugewinnen. Wie in unseren Ausführungen angesprochen, werden bereits zwei Ansätze in Berlin verfolgt, die in dieser Hinsicht vielversprechend sind. Der erste (neuere) Ansatz ist die sozialräumliche Planungskoordination, die die verantwortlichen Instanzen in den Bezirken in die Lage versetzt, sich über eigene Planungen auszutauschen sowie die aktuellen Entwicklungen in den bezirklichen LOR zu beobachten. Zur Stabilisierung der Lage in den Quartieren hat sich in den letzten Jahren das Instrument des Quartiersmanagements bewährt, das vor Ort mit der Beteiligung der Bevölkerung (Quartiersräte) intervenieren kann. Diese Instrumente müssen jedoch konsequenter verfolgt bzw. verstetigt werden.

Ohne die enorme Hilfsbereitschaft vieler Menschen in Berlin wäre das staatliche Versagen anlässlich der großen Zahl der bei uns Schutz suchenden Menschen noch bedenklicher gewesen. Es kommt darauf an, dieses Engagement zu würdigen, zu unterstützen und zu verstetigen und dafür praktikable Formen zu finden. Die Beteiligung der Bevölkerung ist eine Schlüsselfrage für die Lösung sozialer Probleme, wie beispielsweise die Unterbringung und Integration von Flüchtlingen. Das gilt auch für die frühzeitige Beteiligung der unmittelbar Betroffenen bei der Stadtentwicklung. Hier können Lehren aus den Beteiligungsformen im Quartiersmanagement gezogen werden.

Ausblick

Wie eingangs festgestellt, steht Berlin am Scheideweg. Angesichts der vielfältigen Tendenzen zur sozialen Spaltung in einer Reihe von wichtigen Lebensbereichen treten wir dafür ein, dieser Polarisierung entgegenzusteuern und so ein Vorbild für eine soziale Stadtgestaltung zu schaffen, anstatt marktgetriebene Entwicklungen auf dem Wohnungsmarkt, im Bildungswesen und auf dem Arbeitsmarkt zuzulassen, die diese Spaltungen eher vertiefen. Der Ausgang ist jedoch (noch) offen.

Literatur

Amt für Statistik Berlin-Brandenburg (2013): Mikrozensus 2013. www.statistik-berlin-brandenburg.de/grundlagen/Mikrozensus.asp?Ptyp=50&Sageb=12002&creg=BBB&anzwer=4 (letzter Zugriff: 15.10.2015)
Amt für Statistik Berlin-Brandenburg (2014): Statistischer Bericht j l -2- j/2012, Statistik Berlin-Brandenburg, Juli 2014
Amt für Statistik Berlin-Brandenburg (2015): Statistischer Bericht: Absolvent/innen und Abgänger/innen und Abgänger der allgemeinbildenden Schulen im Land Berlin im Schuljahr 2013/2014
Amt für Statistik Berlin-Brandenburg (2016): Regionaler Sozialbericht 2016.
Anbeier, H./Hurrelmann, K. (Hrsg.) (2014): Die Hauptstädter. Berlin 25 Jahre nach dem Mauerfall, (Hertie Berlin Studie), Frankfurt a.M.
Bachner, F. (2015): »Studie: Wohnen in teuren Lagen wird billiger«, Der Tagesspiegel 30.1.15
BAMF (Bundesamt für Migration und Flüchtlinge) (2016): Aktuelle Zahlen zu Asyl. Ausgabe Februar 2016. www.bamf.de/SharedDocs/Anlagen/DE/Downloads/Infothek/Statistik/Asyl/statistik-anlage-teil-4-aktuelle-zahlen-zu-asyl.pdf?__blob=publicationFile (letzter Zugriff: 1.4.2016)
Der Beauftragte für Integration und Migration (2005): Vielfalt fördern – Zusammenhalt stärken. Das Integrationskonzept für Berlin, Berlin
Benner, C. (Hrsg.) (2015): Crowdwork – zurück in die Zukunft? Perspektiven digitaler Arbeit, Frankfurt a.M.
Berliner Sozialgipfel (2015): Positionspapier »Wohnen und Mieten«: Mehr Mieterschutz statt mehr Miete, Hrsg.: Bündnis von AWO, Berliner Mieterverein, DGB-Berlin, HVD-Berlin, Gewerkschaft NGG-Berlin, SOVD-Berlin-Brandenburg, VDK Berlin-Brandenburg, ver.di Berlin-Brandenburg, Volkssolidarität, 2015
Berliner Zeitung vom 7.7.2012: Kinderbetreuung in Berlin. In den Ostbezirken fehlen Kitaplätze
Bettge, S./Oberwöhrmann, S. (2015): Grundauswertung der Einschulungsdaten in Berlin 2014, Senatsverwaltung für Gesundheit und Soziales, GSI, November, www.gsi-berlin.info/gsi_suchen.asp (letzter Zugriff: 9.3.15)
Bezirksamt Mitte, Abteilung Gesundheit und Personal (2006): Gesundheitliche und soziale Lage der Bevölkerung in Berlin-Mitte. Basisgesundheitsbericht, www.berlin.de/ba-mitte/politik-und-verwaltung/service-und-organisati-

onseinheiten/qualitaetsentwicklung-planung-und-koordination-des-oeffentlichen-gesundheitsdienstes/berichte-und-publikationen/qpk_publ10_gb_mitte2006.pdf. (letzter Zugriff: 9.3.16)

Bezirksamt Mitte, Abteilung Gesundheit und Personal (2011): Migration und Gesundheit im Bezirk Berlin-Mitte. Gesundheitliche und soziale Lage der Bevölkerung unter Berücksichtigung des Migrationshintergrundes, www.berlin.de/ba-mitte/buergerdienste/publikationen/reihe_gbe_gf.html (letzter Zugriff: 9.3.16)

Bezirksamt Mitte, Abteilung Gesundheit und Personal (2013): Basisdaten zur Bevölkerung und sozialer Lage im Bezirk Berlin-Mitte. Mitte im Spiegel der Berliner Bezirke, www.berlin.de/ba-mitte/buergerdienste/publikationen/reihe_gbe_gf.html (letzter Zugriff: 9.3.16)

Bezirksamt Tiergarten, Abteilung Gesundheit und Soziales (1997): Gesundheitsbericht 1997, August 1997

Bischoff, J./Hackbusch, N./Radke, B./Weber, N. (2016): Finanz-Zombie: Drama HSH Nordbank, Supplement der Zeitschrift Sozialismus, Heft 1/2016

Bischoff, J./Radke, B./Troost, A. (2015): Industrie der Zukunft? Wertschöpfung zwischen De-Industrialisierung und vierter industrieller Revolution, Supplement der Zeitschrift Sozialismus, Heft 6/2015

Böllert, K. (2014): Vorsitzende Prof.'in Böllert äußert sich zu Kindern mit »Risiko-Hypothek«, www.uni-muenster.de/EW/aktuelles/2014/15djht2014.html (letzter Zugriff: 20.1.2016)

BQN Berlin (2015): Gut ankommen in der Ausbildung, www.berlin-brauchtdich.de/fileadmin/user_upload/PDFs/BQN_BR_Berlin_braucht_dich_WEB_op1.pdf (letzter Zugriff: 4.3.16)

Brenke, K./Geppert K. (1992): Die Wirtschaft im Raum Berlin, in: Moser, H. (Hrsg.): Berlin-Report. Eine Wirtschaftsregion im Aufschwung, Wiesbaden

Brenke, K. (2008): Migranten in Berlin: Schlechte Jobchancen, geringe Einkommen, hohe Transferabhängigkeit, in: DIW-Wochenbericht Nr. 35, Berlin

Brenke, K. (2010): Berliner Wirtschaft: Nach langem Schrumpfen auf einem Wachstumspfad, in: DIW Wochenbericht Nr. 32, Berlin

Broens, K./Brümmer, F. u.a. (2013): Wissenschaftliche Begleitung der Pilotphase Gemeinschaftsschule Berlin, Berlin

Bundeszentrale für politische Bildung (bpb) (2014): Altersarmut und Grundsicherung, www.bpb.de/politik/innenpolitik/rentenpolitik/147366/altersarmut-und-grundsicherung (letzter Zugriff: 22.5.2015)

Butler, J./Bömermann, H. (2016): Umweltbelastung, soziale Benachteiligung und kleinräumige Sterblichkeit im Land Berlin. Ein Analysevorhaben anhand der amtlichen Todesursachenstatistik, in: Klimeczk, H.-J. (Hrsg.) Umweltgerechtigkeit im Land Berlin - Arbeits- und Entscheidungsgrundlagen für die Sozialräumliche Umweltpolitik, Basisbericht 2016, Hrsg.: Senatsverwaltung für Stadtentwicklung und Umwelt, Amt für Statistik Berlin-Brandenburg (in Druck)

Capelle, J. (Hrsg.). (2014): Zukunftschancen: Ausbildungsbeteiligung und -förderung von Jugendlichen mit Migrationshintergrund, Wiesbaden

Carstens, C./Luikenga, M. (1993): Immer den Frauen nach! Spaziergang am Landwehrkanal zur Berliner Frauengeschichte. Hrsg.: Berliner Geschichtswerkstatt e.V., Berlin

CBRE/Berlin Hyp (2015): Wohnmarktreport Berlin 2015, Berlin

Czaja, M./Meinlschmidt, G./Bettge, S. (2012): Sozialindikative Planung der regionalen ärztlichen Versorgung, in: Gesundheits- und Sozialpolitik (G+S), Heft 3/2012

Deutscher Paritätischer Wohlfahrtsverband (DPW) (2014): Die zerklüftete Republik. Bericht zur regionalen Armutsentwicklung in Deutschland, Berlin

Deutscher Paritätischer Wohlfahrtsverband (DPW) (2016): Zeit zu handeln. Bericht zur Armutsentwicklung in Deutschland 2016, Berlin

Deutschlandfunk: Den Deutschen fehlen Fachkräfte. Hintergrundbeitrag vom 3.3.2015

DGB Bezirk Berlin-Brandenburg (2008): Berlin – Hauptstadt der prekären Beschäftigung, Berlin

DGB Berlin-Brandenburg (2014): Gewerkschaftliche Eckpunkte zur Wohnungs- und Mietenpolitik in Berlin und Brandenburg, Berlin

DGB Berlin-Brandenburg Positionspapier (2016): Anforderungen an die künftige Landespolitik in Berlin. Forderungen des DGB Bezirks Berlin-Brandenburg zur Abgeordnetenhauswahl 2016, http://berlin-brandenburg.dgb.de/themen/++co++91d1d30e-b514-11e5-9fdb-52540023ef1a (letzter Zugriff: 6.4.16)

Ehrenberg, E./Kruse, W. (2000): Soziale Stadtentwicklung durch große Projekte? EXPOs, Olympische Spiele, Metropolen-Projekte in Europa: Hannover, Sevilla, Barcelona, Berlin. Eine Studie der Sozialforschungsstelle Dortmund, Münster

Gaschke, S. (2016): Klassengesellschaft, in: Welt am Sonntag vom 24.1.2016

GEW-Bundesvorstand (Hrsg.) (2012): Schwarzbuch Integrationskurse, Frankfurt a.M.

Literatur

Groos, T. (2015): Gleich und gleich gesellt sich gern. Zu den sozialen Folgen freier Grundschulwahl, Gütersloh

Grover, A./Kaouache, M./Rempel, P./Joseph, L./Dawes, M./Lau, D./Lowensteyn, L. (2015): Years of life lost and healthy life-years lost from diabetes and cardiovascular disease in overweight and obese people: a modelling study, The Lancet. Diabetes & Endocrinology, Volume 3, No. 2, S. 114–122

Hans-Böckler-Stiftung (2015): Atypische Beschäftigung in Berlin, Datenbank Atypische Beschäftigung, Düsseldorf

Häußermann, H./Kapphan, A. (2002): Von der geteilten zur gespaltenen Stadt? Sozialräumlicher Wandel seit 1990, Opladen

Holm, A./Lederer, K./Naumann, M. (Hrsg.) (2011): Linke Metropolenpolitik. Erfahrungen und Perspektiven am Beispiel Berlin, Münster

Holm, A./Gebhardt, D. (Hrsg.) (2011): Initiativen für ein Recht auf Stadt. Theorie und Praxis städtischer Aneignung, Hamburg

Holm, A. (Hrsg.) (2014): Reclaim Berlin. Soziale Kämpfe in der neoliberalen Stadt, Berlin/Hamburg

Investitionsbank Berlin (IBB) (2015): Wirtschaftsstandort Berlin. Wachstumsschub durch Digitale Transformation, Berlin

Institut der Schulqualität der Länder Berlin und Brandenburg (ISB) (2013): Bildung in Berlin und Brandenburg, www.bildungsbericht-berlin-brandenburg.de (letzter Zugriff: 20.1.2016)

Jähner, H. (2011): Das prekäre Glück Berlins, in: Frankfurter Rundschau 16.9.2011

Kapphan, A. (1999): Jugendliche Zuwanderer in Berlin zwischen Ausgrenzung und Integration, in: Berliner Forum Gewaltprävention, Sondernummer 1, Berlin

Keilani, F./Zawatka-Gerlach, U. (2015): Senator Geisel sieht »Behördenversagen« bei Flüchtlingsaufnahme, Berliner Tagesspiegel vom 16.10.2015

Klemm, K. (2015): Inklusion in Deutschland – Daten und Fakten. Gutachten im Auftrag der Bertelsmann Stiftung, Gütersloh

Klimeczk, H.-J. (Hrsg.) (2016): Umweltgerechtigkeit im Land Berlin - Arbeits- und Entscheidungsgrundlagen für die Sozialräumliche Umweltpolitik, Basisbericht 2016, Hrsg.: Senatsverwaltung für Stadtentwicklung und Umwelt, Amt für Statistik Berlin-Brandenburg (in Druck)

Kohlmeyer, K./Kruse, W. (2012): Wohnstadt und Arbeitswelt. Berufschancen von Jugendlichen aus Familien mit Einwanderungsgeschichte, in: Bielka, F./ Beck, C. (Hrsg.): Heimat Großsiedlung. 50 Jahre Gropiusstadt. Entwick-

lungsmöglichkeiten für die Zukunft, Berlin
Krüger, S. u.a. (1991): Berlin: Eine Metropole im Wandel, Hamburg
Krüger, S. (2015): Entwicklung des deutschen Kapitalismus 1950-2013, Hamburg
Mangelsdorf, S. (2009): Die Transformation des Verarbeitenden Gewerbes in Berlin/Brandenburg unter Berücksichtigung der Exporte, Diss. Universität Potsdam
Lampert, T./Saß, A.-C./Häfelinger, M./Ziese, T. (2005): Armut, soziale Ungleichheit und Gesundheit, Expertise des Robert Koch-Instituts zum 2. Armuts- und Reichtumsbericht der Bundesregierung, Beiträge zur Gesundheitsberichterstattung des Bundes, Berlin
Lampert, T./Mielck, A. (2008): Gesundheit und soziale Ungleichheit – Eine Herausforderung für Forschung und Politik, G+G Wissenschaft, 8. Jahrgang, Heft 2
Lampert, T./Kuntz, B. (2015): Gesund aufwachsen – Welche Bedeutung kommt dem sozialen Status zu?, in: GBE kompakt, Heft 1/2015
Moser, H. (Hrsg.) (1992): Berlin-Report. Eine Wirtschaftsregion im Aufschwung, Wiesbaden
Nowak, P. (2014): Zwangsräumungen verhindern. Ob Nuriye, Kalle, wir bleiben alle, Münster
OECD (Hrsg.) (2004): Lernen für die Welt von morgen. Erste Ergebnisse von PISA 2003, Bielefeld
OECD (Hrsg.) (2014a): PISA 2012 Ergebnisse: Was Schülerinnen und Schüler wissen und können. Schülerleistungen in Lesekompetenz, Mathematik und Naturwissenschaften, (Band I, überarbeitete Ausgabe, Februar 2014), Bielefeld
OECD (Hrsg.) (2014b): PISA 2012 Ergebnisse: Exzellenz durch Chancengerechtigkeit. Allen Schülerinnen und Schülern die Voraussetzungen zum Erfolg sichern, Band 2, Bielefeld
Richter, M./Hurrelmann, K. (2009): Gesundheitliche Ungleichheit: Ausgangsfragen und Herausforderungen, in: Richter, M./Hurrelmann, K. (Hrsg.): Gesundheitliche Ungleichheit. Grundlagen, Probleme, Perspektiven, Wiesbaden
Ring, P. (Hrsg.) (1992): Industriestandort Berlin. Wissenschaftliche Analyse, Unternehmerische Bewertung, Politische Initiativen. Industriepolitische Konferenz der Senatsverwaltung für Wirtschaft und Technologie, Berlin
Robert-Koch-Institut (2007): Ergebnisse des Kinder- und Jugendgesundheitssurveys (KiGGS), in:Bundesgesundheitsblatt Gesundheitsforschung

Gesundheitsschutz 50: Heft 5/6

Robert-Koch-Institut (Hrsg.), Bundeszentrale für gesundheitliche Aufklärung (Hrsg.) (2008): Erkennen – Bewerten – Handeln: Zur Gesundheit von Kindern und Jugendlichen in Deutschland, Berlin

Rose, M.D. (2003): Eine ehrenwerte Gesellschaft. Die Bankgesellschaft Berlin, Berlin

Rundfunk Berlin Brandenburg (2015): Abgeordnetenhaus will Doppelhaushalt beschließen – Wofür Berlin das Geld 2016/17 ausgibt, www.rbb-online.de/politik/hintergrund/entwurf-doppelhaushalt-berlin-2016-2017.html (letzter Zugriff: 10.12.2015)

Schneider, P. (2015): An der Schönheit kann's nicht liegen. Berlin – Portrait einer ewig unfertigen Stadt, Köln

Schnitzlein, D. (2013): Wenig Chancengleichheit in Deutschland: Familienhintergrund prägt eigenen ökonomischen Erfolg, in: DIW Wochenbericht Nr. 4

Schönball, R. (2015): Berlin soll auf 3,71 Millionen Einwohner wachsen, in: Der Tagesspiegel, 8.7.2015, tagesspiegel.de/berlin/bevoelkerungsentwicklung-bis-2030-berlin-soll-auf-3-71-millionen-einwohner-wachsen/12029072.html

Senatsverwaltung für Bildung, Jugend und Wissenschaft (2015a): Bedarfsatlas 2015 zum Kitaausbauprogramm in der Fassung vom 14.12.2015, www.berlin.de/sen/jugend/familie-und-kinder/kindertagesbetreuung/fachinfo/#kitaausbau (letzter Zugriff: 20.1.2016)

Senatsverwaltung für Bildung, Jugend und Wissenschaft (2015b): Bonusprogramm, www.berlin.de/sen/bildung/schulqualitaet/bonus-programm/ (letzter Zugriff: 10.12.2015)

Senatsverwaltung für Bildung, Jugend und Wissenschaft (2015c): Antwort auf die schriftliche Anfrage im Abgeordnetenhaus vom 27. Januar 2015 zu »Schulen und Bezirke mit einem hohen Anteil der von der Zuzahlung zu Lernmitteln befreiten Schüler/innen«. Drucksache 17/15391, Berlin

Senatsverwaltung für Bildung, Jugend und Wissenschaft (2015d): Grundlegende Ziele der Gemeinschaftsschule, www.berlin.de/sen/bildung/bildungswege/gemeinschaftsschule/ (letzter Zugriff: 10.12.2015)

Senatsverwaltung für Bildung, Jugend und Wissenschaft (2015e): Blickpunkt Schule 2014/2015

Senatsverwaltung für Gesundheit, Umwelt und Verbraucherschutz (2008): Sozialstrukturatlas Berlin 2008, Gesundheitsberichterstattung Berlin, Spezialbericht – Ein Instrument der quantitativen, interregionalen und intertemporalen Sozialraumanalyse und -planung, Berlin

Senatsverwaltung für Gesundheit, Umwelt und Verbraucherschutz (2010): Kurzdarstellung zur vertragsärztlichen Versorgung in den Berliner Prognoseräumen, Berlin

Senatsverwaltung für Gesundheit und Soziales (2013): Handlungsorientierter Sozialstrukturatlas Berlin. Ein Instrument der quantitativen, interregionalen und intertemporalen Sozialraumanalyse und -planung,

Senatsverwaltung für Stadtentwicklung (2010): Soziale Stadt, Quartiersmanagement. Entwicklung: 2010, www.stadtentwicklung.berlin.de/wohnen/quartiersmanagement/de/entw_2010.shtml (letzter Zugriff am: 20.01.2016)

Senatsverwaltung für Stadtentwicklung (2016): Bevölkerungsprognose für Berlin und die Bezirke 2015-2030. Senatsverwaltung für Stadtentwicklung und Umwelt Referat I A – Stadtentwicklungsplanung in Zusammenarbeit mit dem Amt für Statistik Berlin-Brandenburg, Berlin

Senatsverwaltung für Stadtentwicklung (2013): Monitoring Soziale Stadtentwicklung, Berlin

Shell Deutschland Holding (Hrsg.) (2015): Jugend 2015. Eine pragmatische Generation im Umbruch. 17. Shell Jugendstudie, Frankfurt a.M.

Solga, H. (2009): Der Blick nach vorn: Herausforderungen an das deutsche Ausbildungssystem, WZB Discussion Paper, Berlin 2009, 14

Solga, H. (2015): Die Ausbildung ist der Schlüssel zur Teilhabe an der Gesellschaft, in: DJI impulse 2/2015

Statistikstelle Personal bei der Senatsverwaltung für Finanzen (2009): Beschäftigte im unmittelbaren Landesdienst Berlin im Januar 2009

Statistikstelle Personal bei der Senatsverwaltung für Finanzen (2014): Altersstruktur der Beschäftigten im unmittelbaren Landesdienst Berlin im Januar 2014

Statistikstelle Personal bei der Senatsverwaltung für Finanzen (2015): Beschäftigte im unmittelbaren Landesdienst Berlin im Januar 2015

Stein, R. (2015): Digitale Metropolisierung in Berlin. Wandel der Beschäftigung und post-industrielle Struktur, in: Berliner Debatte Initial Heft 1, S. 128-141

Forschungsbereich beim Sachverständigenrat deutscher Stiftungen für Integration und Migration (SVR) (2016): Ungleiches ungleich behandeln! Wege zu einer bedarfsorientierten Schulfinanzierung, Berlin

Forschungsbereich beim Sachverständigenrat deutscher Stiftungen für Integration und Migration (SVR) (2014): Diskriminierung am Ausbildungsmarkt.

Ausmaß, Ursachen und Handlungsperspektiven, Berlin
Tagesspiegel vom 3.9.2015: Studie zu Inklusion in der Schule. Mehr Behinderte lernen gemeinsam mit anderen Kindern
Ther, P. (2014): Die neue Ordnung auf dem alten Kontinent. Eine Geschichte des neoliberalen Europa, Berlin
Vieth-Entus, S. (2015): Sag mir, wo die Schüler sind, in: Der Tagesspiegel vom 15.10.15
Volgmann, K. (2012): Metropole. Bedeutung des Metropolenbegriffs und Messung von Metropolität im deutschen Städtesystem, Diss. TU Dortmund
Weißhoff, C. (2013): Das Angebot muss besser werden, in: blz 10
Wolf, H. (2016): Rot-Rot in Berlin. 2002-2011: eine (selbst-) kritische Bilanz, Hamburg

Filme

Mietrebellen, Matthias Coers und Gertrud Schulte Westenberg// schultecoersdokfilm, Berlin 2014
Insel 36, Dokumentarfilm 2014,Regie: Asli Özarslan
»Von wegen Schicksal«, »Der gekaufte Traum«, Dokumentarfilme von Helga Reidemeister, 1979
Werden Sie Deutscher, Dokumentation von Britt Beyer, Matthias Film. Deutschland 2011, 84 Min

VSA: Kommunale Politik

Koray Yılmaz-Günay / Freya-Maria Klinger
Realität Einwanderung
Kommunale Möglichkeiten der Teilhabe, gegen Diskriminierung
Crashkurs Kommune 9
120 Seiten | € 7.50
ISBN 978-3-89965-584-1

Ziel linker Lokalpolitik ist eine Kultur, die nicht nach Herkünften schaut, sondern auf eine gemeinsame Zukunft ausgerichtet ist.

Frank Kuschel
Haushalten mit links?!
Emanzipative Haushalts- und Finanzpolitik in der Kommune | Crashkurs Kommune 11
Hrsg. von Katharina Weise | In Kooperation mit der Kommunalakademie der Rosa-Luxemburg-Stiftung
112 Seiten | € 7.50
ISBN 978-3-89965-636-7

Eine linke, emanzipative Haushaltspolitik in den Kommunen bedeutet, überall um Prioritätensetzungen und damit auch um (Wieder-)Erlangung von Handlungsspielräumen zu streiten.

VSA: Verlag
St. Georgs Kirchhof 6, 20099 Hamburg
Tel. 040/28 09 52 77-10 | Fax 28 09 52 77-50
Mail: info@vsa-verlag.de

www.vsa-verlag.de

VSA: Stadtentwicklung

Harald Wolf
Rot-Rot in Berlin
2002 bis 2011: eine (selbst-)kritische Bilanz
Eine Veröffentlichung der Rosa-Luxemburg-Stiftung
328 Seiten | € 16.80
ISBN 978-3-89965-671-8

Harald Wolf, von 2002 bis 2011 Senator und stellvertretender Regierungschef der rot-roten Koalition in Berlin, versucht eine (selbst)kritische Bilanz.

Sebastian Chwala / Frank Deppe / Rainer Rilling / Jan Schalauske (Hrsg.)
Die gekaufte Stadt?
Der Fall Marburg:
Auf dem Weg zur »Pohl-City«?
Eine Veröffentlichung
der Rosa-Luxemburg-Stiftung
272 Seiten | € 16.80
ISBN 978-3-89965-683-1

Welchen Einfluss nehmen Wirtschaftsunternehmen und milliardenschwere Spender auf die räumliche, finanzielle und letztendlich politische Entwicklung einer Stadt?

VSA: Verlag
St. Georgs Kirchhof 6, 20099 Hamburg
Tel. 040/28 09 52 77-10 | Fax 28 09 52 77-50
Mail: info@vsa-verlag.de

www.vsa-verlag.de